Elige Ser

Abre tu mente y escucha a tu corazón

Primera Edición

Título: Elige ser

Autores: Carmelo Sánchez

              Janeth Marcano

              Odilio Da Costa

Diseño del libro: Carmelo Sánchez y Janeth Marcano

Ilustraciones interiores: Janeth Marcano

Diseño de portada e interior: Carmelo Sánchez

Publicado y distribuido por: Amazon

Primera edición, Mayo 2024.

Otros detalles legales.

Todos los derechos reservados de este libro y vídeos. Ninguna parte de esta publicación puede ser reproducida, sin permiso previo de los autores.

Contenido

Prólogo 9
  Capítulo 1
    Decide ser y en quién te quieres convertir 11
    Elegir ser: Crucigrama 14
  Capítulo 2
    Conectar con tu poder de ser y elegir 17
    Nuestro poder de ser y elegir: Sopa de letra 21
  Capítulo 3
    ¿Cómo aplicar la física cuántica en tu día a día? 23
    Física cuántica: Acertijos y laberinto 29
  Capítulo 4
    Desarrolla tu espiritualidad 31
    Espiritualidad: Reseña el símbolo 37
  Capítulo 5
    Intuición, ¿Cómo dotarnos de ella? 39
    Intuición: Acertijo 45
  Capítulo 6
    El poder de la visualización para lograr tus metas 47
    Visualización: Puzzle para colorear 53
  Capítulo 7
    ¿Cómo cultivar la gratitud y la positividad en tu vida diaria? 55
    Gratitud y positividad: Crucigrama 61
  Capítulo 8
    Creencias limitantes, ¿Cómo superarlas? 63
    Creencias limitantes: Sopa de letras 67
  Capítulo 9
    ¿Cómo sobreponerse a la indefensión aprendida con resiliencia y voluntad? 69
    Indefensión aprendida: Crucigrama 78
  Capítulo 10
    Desarrollando tu inteligencia emocional 81
    Inteligencia emocional: Selección 85
  Capítulo 11
    ¿Modelar tu idiosincrasia y ser un ciudadano internacional es posible? 87
    La idiosincrasia: Mapa de selección 95

Capítulo 12
 ¿Cómo utilizar el mapa de conciencia para mejorar tu bienestar emocional? 97
 Mapa de la conciencia: Pasapalabra 107

Capítulo 13
 La importancia de la conciencia situacional para comprender la realidad 109
 Conciencia situacional: Encuentra el objeto 117

Capítulo 14
 ¡El miedo se puede superar! 119
 Superar el miedo: Laberintos 133

Capítulo 15
 La meditación:
 El camino hacia la paz interior y el éxito personal 135
 Meditación: Descubre la técnica 149

Capítulo 16
 El estado de flujo, tu zona de alta concentración 153
 El estado de flujo: Encuentre las diferencias 159

Capítulo 17
 La importancia de la autodisciplina en tu desarrollo personal 161
 La autodisciplina: Preguntas de selección 167

Respuesta a los juegos 169
Epílogo 181
Bibliografía 187
 Libros 187
 vídeos 187
 Herramientas 188
Agradecimiento 191

Prólogo

Optar por "elegir ser" es una decisión que personalmente y como grupo de trabajo, decidimos experimentar. En este camino de evolución personal y espiritual, nos encontramos con lecturas, ideas, conceptos y definiciones que hemos buscado profundizar.

El libro es el resultado de esa búsqueda y profundización; además, es un compendio de temas que cada uno de nosotros ha investigado y tratado de comprender, con el objetivo de presentarlos de manera más sencilla. Hemos compartido todos estos temas en formato de vídeo y ahora queremos presentártelos también por escrito.

En el libro, desarrollamos conceptos que integran ideas de forma holística, los cuales vamos a compartir contigo, esperando que su lectura sea sencilla y que puedas incorporar su contenido en tus procesos reflexivos cotidianos.

Además, en cada capítulo, te ofrecemos un juego como complemento de la lectura, con la intención de que puedas internalizar conceptos, definiciones e ideas desarrolladas en el libro. También, compartiremos los enlaces de cada vídeo, los cuales estarán disponibles en nuestro canal de YouTube, Choose To Be.

Te animamos desde ya y agradecemos el tiempo que inviertes en leer y reflexionar sobre estos temas. Confiamos en que contribuirán a tu evolución personal y espiritual, ayudándonos a avanzar en el nivel de conciencia personal y colectivo, tal como se describe en este ensayo.

¡Gracias por tu tiempo!

Capítulo 1
Decide ser y en quién te quieres convertir

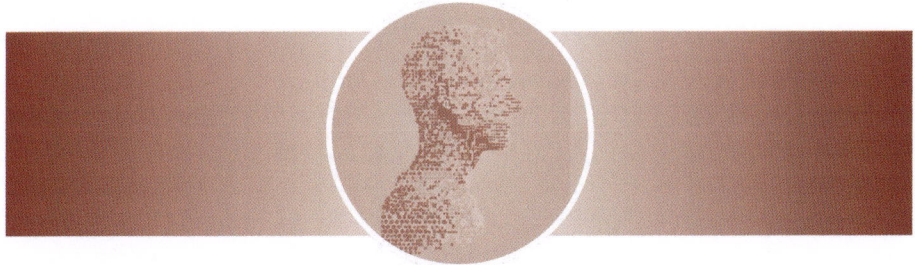

Identificar nuestro poder, que todo se crea en la mente, marca el primer paso de hacernos conscientes, seguido del autoconocimiento que nos dará las herramientas necesarias para alcanzar las metas individuales y colectivas. Con el apoyo de la sabiduría de los que nos antecedieron, junto a los protagonistas actuales y los que nos seguirán, marcará la diferencia en nuestra evolución como especie.

Trazará el camino de la evolución de la humanidad, tanto en lo individual como en lo colectivo, que son las bases para coexistir en el planeta, el cual tiene cuerpo y alma y es vulnerable ante nuestras acciones. Por ello, los valores de conservación, preservación y armonía con el medio ambiente serán cruciales para garantizar nuestra existencia.

Esta visión del mundo definirá, en las próximas décadas, una humanidad próspera y coherente con su entorno y su rol como co-creadores del mundo que les rodeará. Decide ser; elige en quién te quieres convertir; abre tu mente y escucha a tu corazón. Tu proyecto personal, con una visión de amor, un sueño que conformará una humanidad plena y creativa desde su verdadera esencia.

Despierta, hazte consciente de quién eres en realidad. Toma el poder en tus manos y crea tu mundo. *"Choose To Be"*, una creación inspirada en el verdadero ser que vive en cada uno de nosotros.

Enlace del vídeo "Cómo tomar el poder en tus manos y crear tu mundo"
https://youtu.be/_JSuljrDiTc

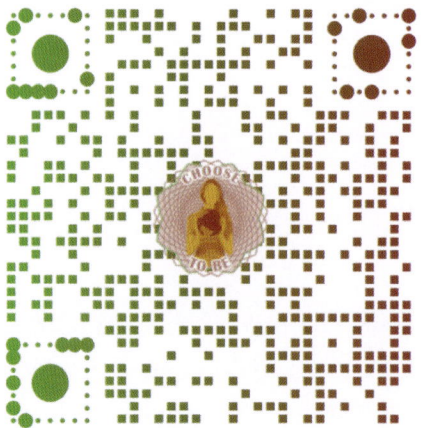

Elegir ser: Crucigrama

Horizontal:

PODER (5 letras), facultad de estar capacitado para ejercer una acción coherente y efectiva. **ELEGIR** (6 letras), el verdadero poder que tenemos en la vida. **CUÁNTICA** (8 letras), teoría científica que se utiliza para describir y entender los fenómenos a nivel subatómico. **GRATITUD** (8 letras), emoción y actitud positiva que sentimos cuando reconocemos y valoramos las cosas buenas que experimentamos en la vida. **VOLUNTAD** (8 letras), capacidad de tomar decisiones y llevar a cabo acciones de manera deliberada. **INTUICIÓN** (9 letras), clave para manifestar nuestros deseos, sueños o proyectos. **RESILIENCIA** (11 letras), capacidad para recuperarse ante la adversidad y adaptarse positivamente. **PAZ INTERIOR** (11 letras), estado de tranquilidad y serenidad que experimentamos o sentimos. **IDIOSINCRASIA** (13 letras), características distintivas de una persona o grupo que los diferencia de los demás. **CREENCIAS LIMITANTES** (19 letras), pensamientos arraigados que pueden obstaculizar tu camino hacia la autorrealización y el crecimiento personal.

Vertical:

MIEDO (5 letras), emoción primaria, natural, que puede desencadenarse por diversos factores y circunstancias que se consideren amenazantes para nuestra existencia. **CULTURA** (7 letras), conjunto de conocimientos, creencias, valores y costumbres compartidos por un grupo de personas que por lo general ocupan una región geográfica o país. **SER** (8 letras),tu divinidad. **MEDITACIÓN** (10 letras), práctica milenaria que ofrece una puerta de concentración mental para encontrar calma y claridad. **POSITIVIDAD** (11 letras), perspectiva que se enfatiza en lo bueno, en las oportunidades y en el potencial de las situaciones, personas y eventos. **VISUALIZACIÓN** (13 letras), es un proceso mediante el cual creas imágenes mentales de lo que quieres conseguir en tu vida y luego das pasos para manifestarlo. **ESTADO DE FLUJO** (13 letras), estado en el que el tiempo parece pasar volando y en el que las personas sienten que están funcionando al máximo rendimiento. **ESPIRITUALIDAD** (14 letras), te ayuda a encontrar un sentido más profundo de propósito y significado en tu vida. **AUTODISCIPLINA** (14 letras),Capacidad de establecer metas y trabajar hacia ellas con determinación y constancia. **MAPA DE CONCIENCIA** (16 letras), trata de darnos una referencia para establecer el avance en el desarrollo espiritual o de transformación de los seres humanos. **INDEFENSIÓN APRENDIDA** (20 letras), percepción de falta de control para modelar nuestras respuestas ante desafíos y dificultades. **INTELIGENCIA EMOCIONAL** (21 letras), capacidad de identificar, comprender y regular las emociones propias y ajenas. **CONCIENCIA SITUACIONAL** (21 letras), la capacidad humana de comprender y responder a lo que sucede en el entorno en un momento específico.

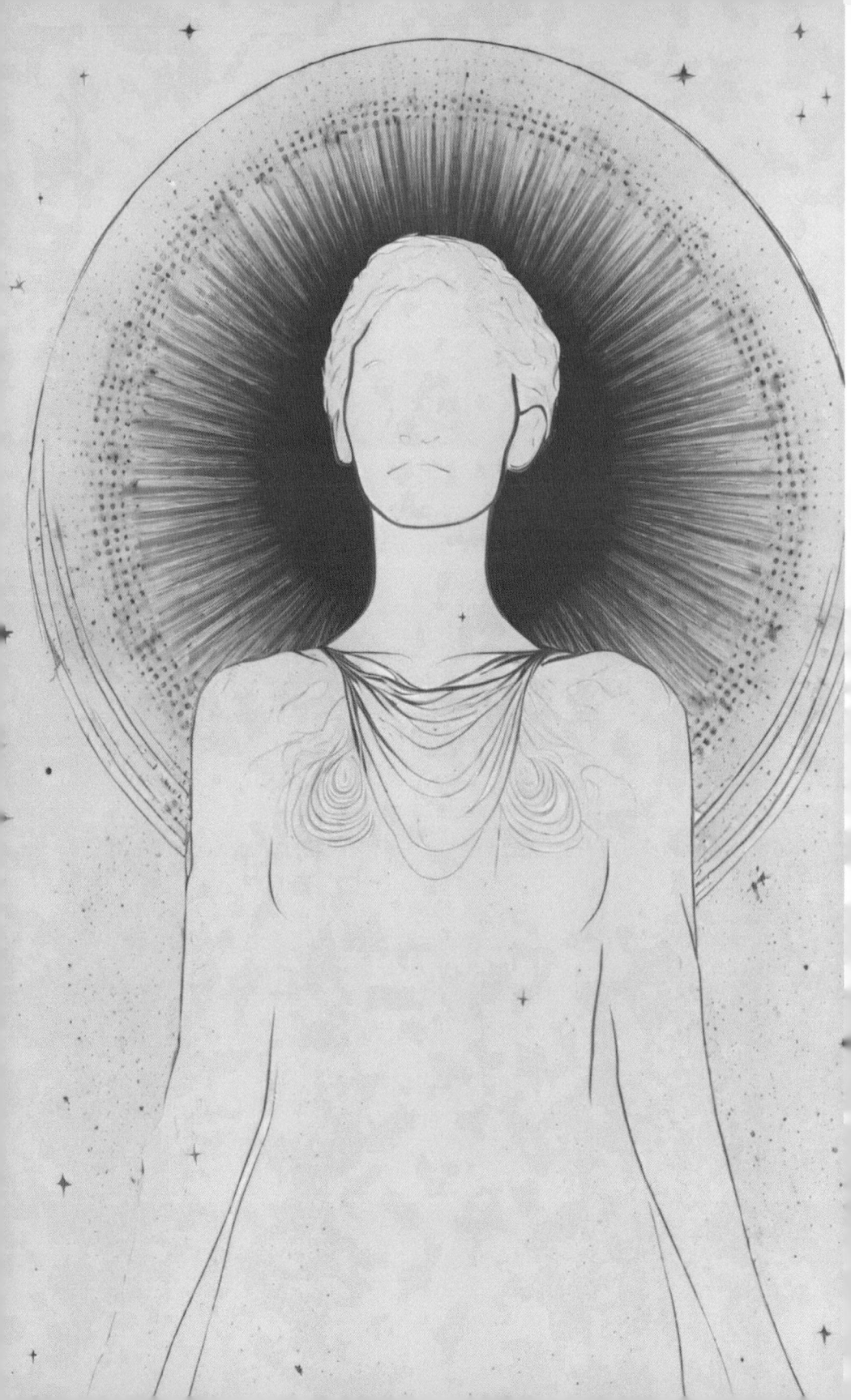

Capítulo 2

Conectar con tu poder de ser y elegir

Nuestro propósito es facilitar la comprensión de temas en el ámbito del desarrollo personal y espiritual, donde tocaremos áreas como la filosofía, la expansión del pensamiento, la identificación del yo como identidad individual y el Yo como unidad universal.

Evaluaremos las fronteras o límites entre el método científico y la física cuántica, que son el reflejo del mundo tangible e intangible ante nuestros sentidos.

Observaremos y comprenderemos que los fenómenos físicos y no físicos, pueden ser integrados usando la ciencia y el misticismo, muchos de estos fenómenos no son detectables por nuestros sentidos ya que carecen de forma y materia en esta tres dimensión. Los fenómenos físicos y no físicos se manifiestan y pueden ser percibidos y registrados en nuestro subconsciente, mostrándose a través de la intuición, que es una expresión de nuestro hemisferio derecho del cerebro.

Usar otros canales de conexión y comunicación como la intuición, la visualización y la introspección, nos permite el desarrollo de nuestro hemisferio derecho del cerebro, lo que refleja nuestro lado artístico, abstracto, simbólico e intuitivo, que reposa en nuestro subconsciente. Estar bajo esta forma de ver las cosas nos puede aportar un equilibrio en nuestra biología, la cual afecta nuestra fisiología en sus diferentes sub-sistemas, manifestando las formas en el mundo material, el significado en él y el papel que jugamos en el cosmos como un todo, dentro del concepto de unidad.

El concepto de unidad está fuera de nuestros esquemas racionales establecidos, los cuales son manejados por nuestro hemisferio izquierdo del cerebro, relacionado con nuestras creencias, posicionamientos y patrones mentales que dicta nuestro intelecto, nuestro entorno, nuestra cultura y nuestro yo como identidad, el cual separa, divide, conceptualiza entre lo que está bien o está mal, que refleja la dualidad del mundo material, y se ve fuera de la ecuación de la existencia universal como un todo.

Lo que buscamos es alcanzar la plena libertad en todos los ámbitos e integrar nuestro cuerpo mental, físico, etérico y espiritual, comprendiendo que somos la sumatoria de muchos atributos, que no solo somos materia, somos inspiración divina y somos una manifestación de la inteligencia universal, que tiene la libertad de experimentarse en esta vida terrenal.

En el mundo occidental, solo queremos manejar los efectos de lo que nos acontece en nuestro entorno, desconectándonos de la visión del todo o concepto de unidad, jugando a ser víctimas de la circunstancias y eventos que nos rodea, separándonos de nuestro verdadero poder de ser y elegir las experiencias que queremos vivir. Es al final, el poder de saber que somos lo que pensamos y sentimos, y no somos una casualidad de la circunstancias.

Lo que deseamos al final es despertar de este sueño que nos mantiene hipnotizados o distraídos, para hacernos conscientes y responsables de nuestra vida en cada instante y en cada momento, entendiendo que somos los co-creadores de nuestra vida, y podemos disfrutar de la expresión hecha materia, usando la energía que de forma potencial existe en cada ser viviente, quienes representan la manifestación de la fuente, en donde no hay principio, ni fin. Es el alfa (A, α) y el omega (Ω, ω), el infinito (∞), el continuous, el presente eterno del ahora, que es verdaderamente lo que poseemos cada ser humano, ese instante que define nuestro siguiente paso, entendiendo que el pasado, !pasado es! Pasado donde reflejamos mayormente nuestros pesares y sufrimientos, nuestra depresión por lo no logrado o alcanzado, solo en contadas ocasiones el pasado puede entregarnos satisfacción. Por otro lado, el futuro representa nuestra ansiedad, que muchas veces nos lleva a la desesperación, reflejando nuestros miedos e inseguridades y anulando como el pasado, nuestro momento presente. El pasado y el futuro nos despojan de la paz que nos proporciona el estar en el presente y ante la presencia.

Cuando entendemos que no hay nada que controlar y que no hay nada que alcanzar, que ya somos el éxito hecho materia, manifestado en esta existencia, se libera una paz y plenitud indescriptibles para los sentidos; que no pueden ser descritas con nuestras palabras. Este estado de conciencia y presencia no se puede definir, es solo una expresión de la fuente que se precipita en esta realidad y siendo el amor su más pura esencia, que está más allá de la definición y comprensión humana.

Para conectar con esa presencia y poder, silencia tu mente, escucha a tu corazón, que es la brújula y el punto de conexión con la fuente de la creación, es el Dios del mundo cristiano en occidente, o el Buda, el taoísmo entre otros en oriente; qué más da la calificación o nombre como lo identifiquemos, es lo que sentimos, lo que nos conecta con la fuente y nos da el poder del entendimiento en este plano.

La manifestación del amor, que no tiene definición, ni palabra, ni descripción, es vivir esa energía sin limitaciones. Es algo que realmente no puedes describir. Solo cuando vives la experiencia, puedes comprender que estas devuelta a casa, estás en tu hogar, de donde nunca has salido. Es tu consciencia la que solo ha tenido una experiencia terrenal. No más separación, no más división, nada que lograr, nada que obtener, solo vivir la experiencia de estar unido y fusionado con la creación.

Enlace del vídeo "Conectando con nuestro poder de Ser y Elegir" https://youtu.be/m5YbIipzZIg

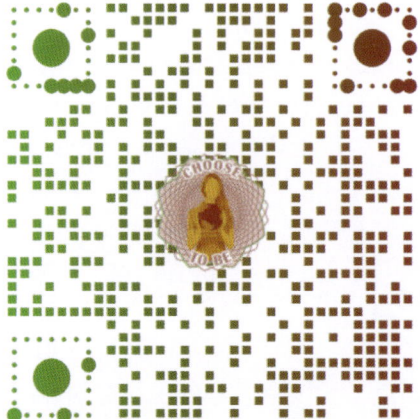

Nuestro poder de ser y elegir: Sopa de letra

D	E	S	V	U	T	A	E	S	B	S	F	B	S	G	J	O	L	L	E
E	E	L	C	O	M	P	R	E	N	S	I	O	N	O	V	S	B	D	N
S	F	S	D	E	L	H	O	R	J	X	M	R	T	P	U	F	E	C	P
P	O	A	A	C	P	U	M	F	P	O	V	O	L	I	E	C	P	J	M
Z	X	D	U	R	I	B	N	N	I	V	V	M	K	Y	G	R	O	B	O
A	K	A	T	X	R	U	S	T	T	E	E	O	P	E	C	F	T	R	M
V	G	V	O	T	P	D	E	S	A	R	R	O	L	L	O	N	I	A	S
E	P	U	N	I	R	Z	R	O	I	D	D	U	A	E	I	X	V	U	I
G	S	Q	O	N	O	U	Q	R	Y	A	A	M	I	G	R	B	U	T	C
O	U	P	M	T	P	X	F	Y	M	D	D	N	A	I	E	K	P	E	I
B	H	F	I	L	O	S	O	F	I	A	V	C	N	R	V	I	O	N	T
D	C	I	A	R	S	A	G	R	Z	Q	U	A	F	I	O	G	U	T	S
E	L	E	S	R	I	P	R	O	I	Y	A	P	K	L	L	C	P	I	I
C	E	U	I	U	T	T	F	C	U	Z	R	G	X	S	U	S	N	C	M
I	F	L	I	R	O	I	U	H	N	C	O	T	M	U	C	P	U	I	R
D	Z	L	N	S	U	L	X	A	I	S	X	Z	U	N	I	D	A	D	Y
I	A	A	R	O	O	Z	I	N	L	U	D	O	Q	I	O	G	F	A	P
R	G	P	T	V	L	F	M	J	K	I	R	U	L	T	N	J	P	D	X
J	O	R	C	O	N	F	I	Q	X	U	D	B	G	Y	M	F	O	M	U
Y	P	A	P	O	D	E	R	U	O	S	R	A	T	R	E	P	S	E	D
S	U	M	C	B	U	S	L	O	L	Z	M	U	D	O	N	F	L	E	D

1.DESARROLLO	7.VOLUNTAD	13.ESPIRITUALIDAD
2.SER	8.AUTONOMÍA	14.COMPRENSIÓN
3.ELEGIR	9.FILOSOFÍA	15.UNIDAD
4.CONFIANZA	10.PROPÓSITO	16.EVOLUCIÓN
5.PODER	11.DECIDIR	17.DESPERTAR
6.MISTICISMO	12.AUTENTICIDAD	18.VERDAD

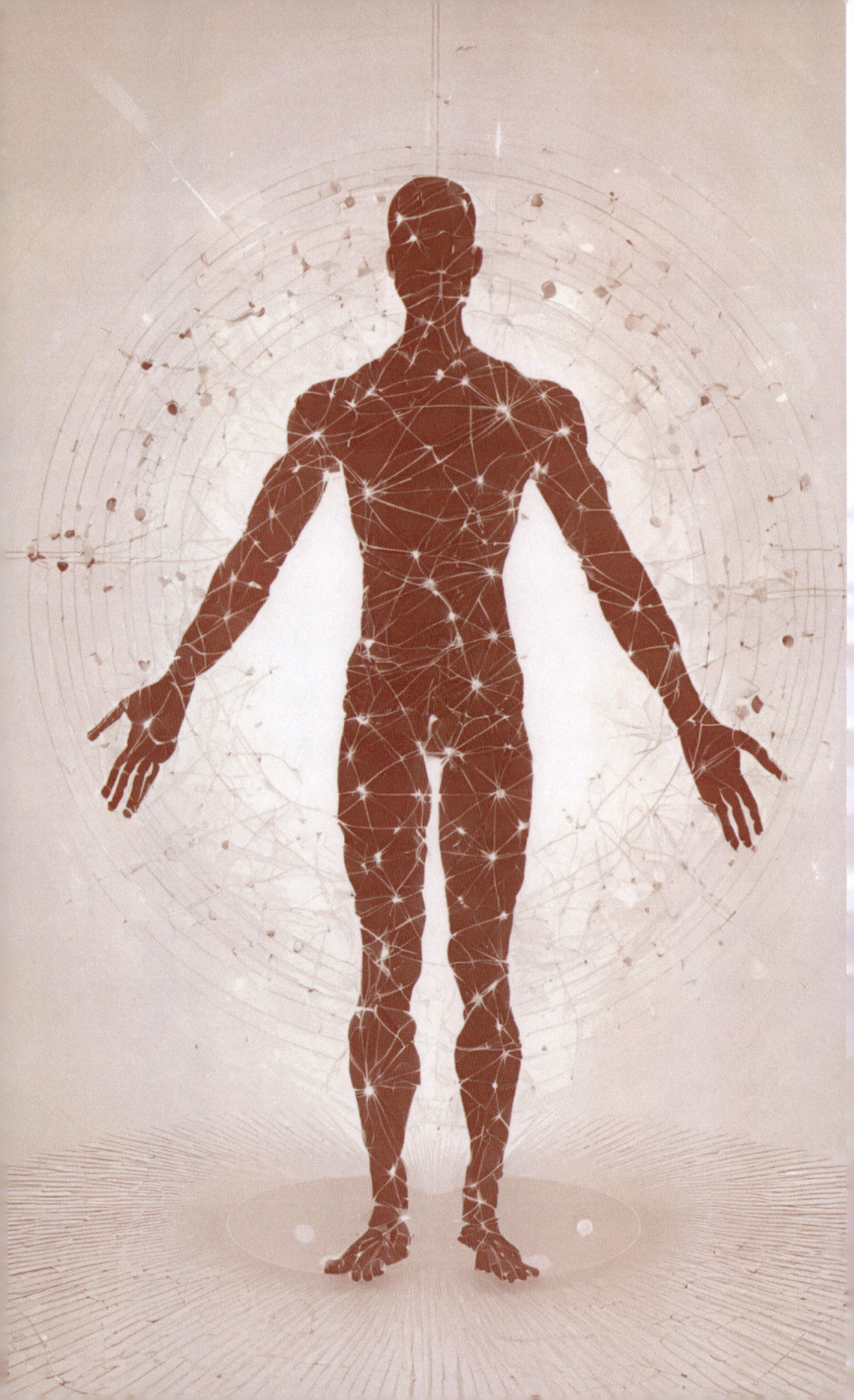

Capítulo 3
¿Cómo aplicar la física cuántica en tu día a día?

Vamos a hablar de la diferencia básica entre el método científico y la física cuántica. Podemos decir que el método científico es un proceso mediante el cual se busca entender el mundo natural a través de la observación, la experimentación y el razonamiento lógico. El método científico se basa en la idea de que el conocimiento se adquiere mediante la realización de experimentos controlados y la observación de eventos naturales.

Modelo de Erwin Schrödinger - 1926 (Niveles subatómicos)

NÚCLEO = NEUTRÓN + PROTÓN

ORBITALES: ZONAS DONDE PODRÍA ESTAR EL ELECTRÓN

FOTONES: PAQUETES DE PARTÍCULAS QUE TAMBIÉN SE COMPORTAN COMO ONDAS ELECTROMAGNÉTICAS

ELECTRÓN: PARTÍCULA O PAQUETE DISCRETO QUE TAMBIÉN FUNCIONA COMO UNA ONDA Y CUYO NIVEL DE ENERGÍA LA COLOCA DENTRO DE UN ORBITAL. ENERGÍA QUE PUEDE ABSORBER DE LOS FOTONES

La física cuántica, por otro lado, es una teoría científica que se utiliza para describir y entender los fenómenos a nivel subatómico, como los electrones y los fotones. Esta teoría es considerada como una extensión de la física clásica y a menudo se considera como una descripción más precisa de la naturaleza a nivel subatómico.

La principal diferencia entre estos dos enfoques, es que el método científico se enfoca en la observación y experimentación de eventos naturales, mientras que la física cuántica se enfoca en el estudio de los fenómenos subatómicos. Aunque ambos son importantes en la comprensión del mundo natural, la física cuántica ofrece una descripción más precisa de la naturaleza a nivel subatómico, sobre todo cuando hablamos de no localidad, no tiempo, no espacio.

¿A qué se refiere la física cuántica con la no localidad?

La no localidad se refiere a la idea de que ciertos sistemas cuánticos pueden estar estrechamente relacionados a pesar de estar físicamente distantes entre sí.

Esta relación se conoce como correlación cuántica y se cree que es debido a que los sistemas cuánticos comparten una especie de conexión instantánea, que no está limitada por la velocidad de la luz.

La noción de no localidad cuántica se relaciona con la idea de que los estados cuánticos están correlacionados más allá de la distancia espacial y del tiempo, con lo cual puede haber una instantaneidad en las acciones, cambios o estados de dos o más partículas cuánticas, independientemente de la distancia que las separe.

En resumen, la no localidad se refiere a la conexión instantánea entre partículas cuánticas, independientemente de la distancia espacial y temporal. Esta idea es una de las principales características de la física cuántica y se considera como uno de los mayores desafíos para entender y explicar los fenómenos cuánticos.

Ahora bien,

¿Cómo podemos llevar esto a nuestra vida cotidiana? y entender ¿Cómo funciona en nuestras vidas?

A través de la intuición nuestro Yo cuántico vive en el mundo de las múltiples posibilidades, y esto se nos revela a través de las actitudes y emociones como la paz, la coherencia, el amor, el equilibrio y la plenitud, las cuales marcan la brújula y la certeza de que la acción que estamos tomando es la correcta, a pesar de que nuestro razonamiento lógico lo rechace algunas veces.

Esta sensación nos da la clave para comprender que ese Yo cuántico se manifiesta en nuestra biología a través de una reacción bioquímica del cuerpo, experimentándose una sensación de bienestar, que finalmente nos da las respuestas a nuestras inquietudes en forma de pensamientos sutiles y espontáneos, ya que es el corazón el que se ha manifestado.

Esto siempre va de la mano con el entrenamiento de la mente y con la conexión con nuestro ser. La integración de estos ámbitos en lo físico y no físico, se pueden alcanzar a través del desarrollo personal y la toma de conciencia de quienes somos.

¿Cuáles serían esas herramientas a usar en el desarrollo personal?

Podemos citar algunas de ellas que te abrirán el camino para la integración de lo no visible y lo visible, y que muchas veces no son perceptibles por nuestros sentidos.

Entonces tenemos:

La meditación o atención plena

La meditación es una técnica que se utiliza para enfocar la mente y reducir el estrés. Además, puede ayudar a mejorar la concentración, la memoria y el bienestar emocional.

En muchas culturas, se busca apaciguar los pensamientos y focalizar nuestra atención en el presente, como lo hacen:

- Desvinculando nuestra atención del pasado o el futuro.
- Eliminando las emociones, como frustraciones, depresiones, ansiedades y miedos.

Ayudándonos a reducir el estrés, mejorar la relación con nosotros mismos y con los demás, y mejorar la calidad de vida en general.

El ejercicio físico

El ejercicio es importante para mejorar la salud física y mental. Ayuda a reducir el estrés, mejora el sueño y eleva el estado de ánimo. Además, que físicamente cuando hacemos ejercicio liberamos hormonas como las endorfinas, que nos hacen sentir más felices, eufóricos y alegres, y que tienen un efecto analgésico natural que reducen el dolor, el estrés o la ansiedad.

Escribir un diario

Escribir en un diario puede ayudar a procesar y comprender los pensamientos y sentimientos. También puede ayudar a identificar patrones y tendencias en el comportamiento.

Es una manera de ejercitar nuestra visualización para cambiar patrones de conducta y marcarnos metas, con la confianza que ese poder, esa sabiduría, que nos pertenece a todos, se manifestará y nos dará las mejores opciones para la concreción de nuestros ideales.

La auto reflexión

Tomar tiempo para reflexionar sobre tus pensamientos, sentimientos y acciones puede ayudarte a tener una mejor comprensión de ti mismo y de cómo interactúas con el mundo, sobre todo viéndote como una parte del todo, entendiendo que no hay ninguna separación, excepto la que es creada por la mente, y nuestra identidad ficticia que es representada por nuestro ego; bien lo dijo Shakespeare: ser o no ser.

Es la consciencia del ser la que se manifiesta en la materia para que esta se experimente; el ser es energía que no se crea ni se destruye, solo se transforma y experimenta.

La guía de un mentor o profesional

El tener un guía como referencia que nos soporte y ayude en el desarrollo personal es clave para identificar nuestros potenciales y hacer que estos se manifiesten en el mundo físico, ya que siempre construimos en la mente y luego manifestamos la idea o pensamiento en el mundo físico.

La lectura

La lectura es una herramienta valiosa para el desarrollo personal. A través de la lectura, se pueden adquirir nuevos conocimientos, ampliar la visión del mundo, aprender nuevas habilidades y técnicas, así como conocer historias inspiradoras.

Las redes sociales

Conectarse con otras personas para compartir experiencias y habilidades puede ayudar a construir relaciones significativas y mejorar el bienestar emocional.

La formación continúa

Continuar aprendiendo a lo largo de la vida es una excelente manera de desarrollar nuevas habilidades y conocimientos, mejorar la autoestima y mantener la mente activa y enfocada, ya que te proporciona un sentido de logro y auto-realización.

Es importante mencionar que lo que funciona para una persona, no necesariamente funcionará para otra, y que es importante encontrar lo que funciona mejor para cada uno y ser constantes en su aplicación.

Por ello, la clave aquí es experimentar; no es el consumo de información lo que marcará la diferencia, es la aplicación del conocimiento y su experimentación lo que nos hará consciente y plenos.

Enlace del vídeo " Física cuántica cómo aplicarla en nuestro día a día"
https://youtu.be/uTFIE84tm28

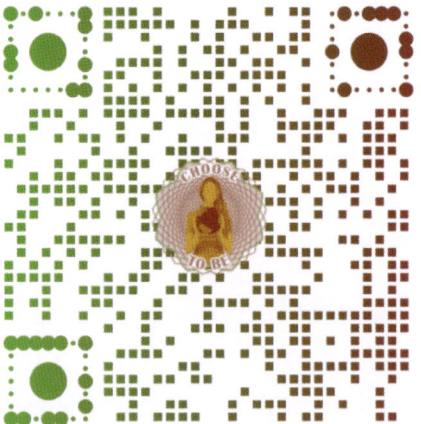

Física cuántica: Acertijos y laberinto

ACERTIJO 1: ¿QUÉ TIENE EN COMÚN LA FÍSICA CUÁNTICA CON EL DESARROLLO PERSONAL?

ACERTIJO 2: ¿QUÉ ES LO QUE NOS PERMITE LA FÍSICA CUÁNTICA PARA EL DESARROLLO PERSONAL?

ACERTIJO 3: ¿CUÁL ES LA CLAVE PARA EL ÉXITO EN EL DESARROLLO PERSONAL?

ACERTIJO 4: ¿CUÁL ES EL MAYOR OBSTÁCULO PARA EL DESARROLLO PERSONAL?

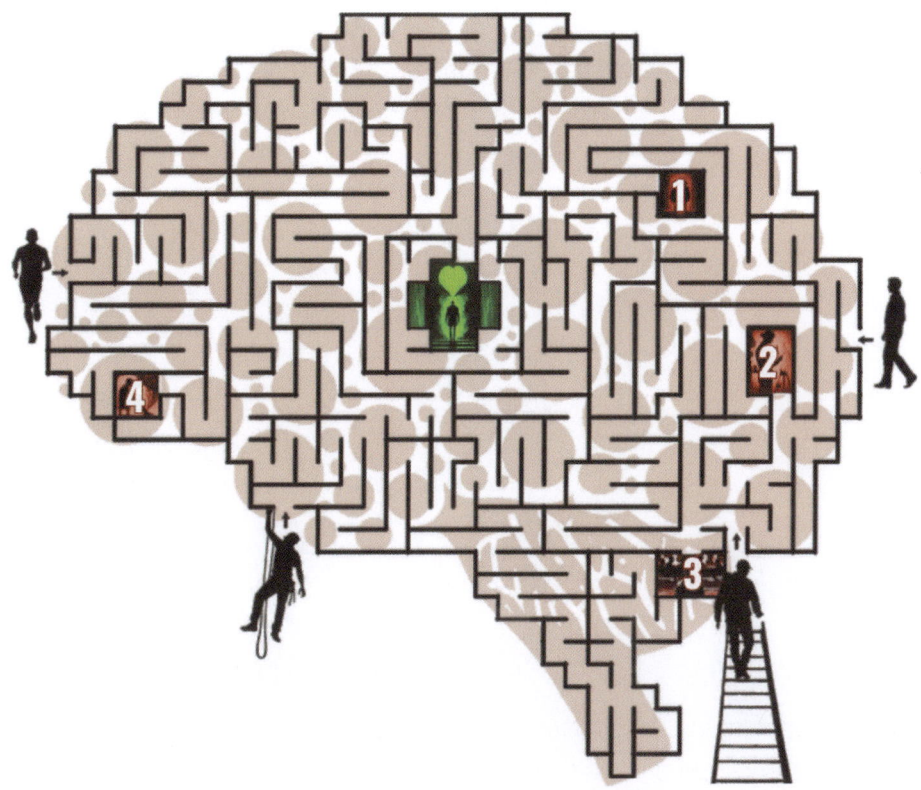

Capítulo 4
Desarrolla tu espiritualidad

Desarrollar tu espiritualidad es una práctica personal que puede ayudarte a encontrar un sentido más profundo de propósito y significado en tu vida. Si estás interesado en explorar y desarrollar tu espiritualidad, aquí hay algunos consejos prácticos que puedes seguir:

Haz tiempo para la reflexión: Tómate un tiempo para reflexionar sobre tu vida y tus experiencias. Esto puede ayudarte a conectarte con tu interior y a explorar lo que te motiva y te inspira.

Práctica la meditación: La meditación es una práctica común en muchas tradiciones espirituales y puede ayudarte a calmar la mente y a conectarte con una sensación de paz y tranquilidad interior.

Encuentra una práctica espiritual que te resuene: Hay muchas prácticas espirituales diferentes, como el yoga, la oración, el canto, la lectura de textos sagrados, entre otros. Encuentra una práctica que te resuene y que puedas incorporar regularmente en tu vida.

Busca una comunidad: Puede ser útil conectarse con una comunidad espiritual que comparta tus creencias y valores. Esto puede proporcionarte apoyo y compañía en tu camino espiritual.

Práctica la gratitud: Cultivar la gratitud puede ayudarte a enfocarte en las cosas positivas en tu vida y a desarrollar una actitud más positiva y agradecida.

Vive con intención: Vive con intención y propósito, enfocándote en lo que es más importante para ti y alinea tus acciones con tus valores y creencias.

Busca la belleza y el significado en el mundo que te rodea: **Toma tiempo para apreciar la belleza y la maravilla del mundo natural que te rodea, y busca significado en las experiencias y los encuentros que tienes en tu vida cotidiana.**

Es importante tener en cuenta que cada persona tiene su propio camino espiritual y que no hay una sola forma "correcta" de desarrollar tu espiritualidad. Lo más importante es que encuentres prácticas y actividades que te hagan sentir conectado contigo mismo y con algo más grande que tú.

También es importante recordar que el desarrollo espiritual es un proceso continuo y que puede tomar tiempo y esfuerzo para ver resultados tangibles, sobre todo por nuestro grado de desconexión con nuestro verdadero Yo, nuestro ser.

Para poder entender mejor la espiritualidad y lo que representa en nuestras vidas, aquí tenemos algunas preguntas y respuestas que te ayudarán a integrar mejor la información:

Además de estos consejos prácticos, ¿Cómo podemos fusionar la práctica de estos consejos con la filosofía, el encuentro con el alma y la metafísica?

La filosofía, el encuentro con el alma y la metafísica pueden ser una parte importante de tu práctica espiritual. A continuación, te presento algunas formas de fusionar estos aspectos con los consejos prácticos:

La filosofía puede ayudarte a entender el significado y el propósito de tu práctica espiritual. Puedes leer textos filosóficos que te ayuden a profundizar en las enseñanzas y la sabiduría de diferentes tradiciones espirituales. Esto puede ayudarte a desarrollar una comprensión más profunda de tu práctica y a cultivar una mayor conexión con tu ser interior.

El encuentro con el alma puede ser una práctica espiritual en sí misma, o puede ser una forma de explorar tus creencias y valores más profundos. Puedes practicar la introspección y la reflexión para conectar con tu ser interior y descubrir lo que te motiva y te inspira. Puedes explorar tus pasiones y tus talentos para encontrar formas de expresarte y de contribuir al mundo de una manera auténtica y significativa.

La metafísica puede ayudarte a entender la naturaleza de la realidad y a explorar temas como la *conciencia, el universo* y *la existencia*. Puedes leer textos metafísicos para expandir tu comprensión de la realidad y para cultivar una mayor conexión con algo más grande que tú.

La conexión con la naturaleza puede ser una forma poderosa de conectarse con algo más grande que uno mismo. Puedes pasar tiempo al aire libre, practicar senderismo, hacer jardinería o simplemente sentarte en silencio en un lugar tranquilo y observar la belleza y la armonía de la naturaleza.

La práctica de la compasión y el servicio a los demás puede ayudarte a cultivar un sentido de propósito y significado en tu vida. Puedes encontrar formas de ayudar a los demás, ya sea a través del voluntariado o de pequeños actos de bondad y generosidad en tu vida diaria.

La exploración de los sueños y la imaginación puede ayudarte a conectar con tu ser interior y a explorar tus pensamientos y emociones de una manera creativa y no lineal. Puedes llevar un diario de sueños, practicar la meditación guiada o simplemente permitirte experimentar la creatividad y la imaginación en tu vida diaria.

La práctica del perdón y la aceptación puede ayudarte a liberarte del pasado y a cultivar una mayor paz y equilibrio en tu vida. Puedes trabajar en perdonarte a ti mismo y a los demás por cualquier dolor o resentimiento que puedas sentir, y practicar la aceptación de lo que es tu vida en este momento.

Crea un espacio sagrado puedes crear un espacio físico en tu hogar o en algún lugar al aire libre que te permita conectarte con tu ser interior y con lo divino. Puedes incluir elementos que te ayuden a sentirte conectado, como velas, incienso, cristales, imágenes sagradas o plantas.

Busca inspiración puedes buscar inspiración en libros, música, arte, películas o cualquier otra cosa que te haga sentir conectado con algo más grande que tú. Puedes encontrar enseñanzas y sabiduría en una variedad de fuentes y utilizarlas para inspirarte en tu camino espiritual.

Sé consistente, la práctica espiritual requiere consistencia y dedicación. Intenta establecer una rutina diaria o semanal que incluya tiempo para la meditación, la reflexión o cualquier otra práctica que hayas elegido. Trata de mantener esta rutina incluso cuando te sientas ocupado o abrumado.

¿Es posible sentir, ver o palpar la espiritualidad en el ámbito físico?

La espiritualidad se refiere a una dimensión interna de la experiencia humana que no se puede observar directamente en el mundo físico. No hay una prueba científica o medible para la espiritualidad, y no se puede "ver" o "palpar" en el sentido literal de la palabra.

Sin embargo, muchas personas experimentan efectos físicos a través de su práctica espiritual. Por ejemplo, la meditación y la oración pueden reducir los niveles de estrés, mejorar el sueño y reducir el dolor crónico.

Aunque la espiritualidad no es visible en el sentido físico, puede manifestarse en nuestro comportamiento, actitudes y relaciones con los demás. Las personas que practican la espiritualidad pueden mostrar más empatía, compasión y paciencia hacia los demás. También pueden tener una perspectiva más amplia de la vida y ser más conscientes del impacto de sus acciones en el mundo que les rodea.

¿El ser humano puede ser considerado espiritual?

El ser humano es un ser complejo y multidimensional, que incluye aspectos *físicos, mentales, emocionales y espirituales.* La espiritualidad es una parte fundamental de la experiencia humana, y se refiere a nuestra conexión con algo más grande que nosotros mismos.

Aunque no todas las personas pueden identificarse como espirituales o buscar activamente una práctica espiritual, muchos seres humanos experimentan la espiritualidad en algún momento de su vida. Por ejemplo, algunas personas pueden encontrar significado y propósito en su trabajo, en la naturaleza, en la comunidad, en la familia o en la creatividad.

La espiritualidad puede desempeñar un papel importante en nuestra salud y bienestar. La investigación ha demostrado que la práctica espiritual puede ayudarnos a manejar el estrés, reducir la ansiedad y la depresión, mejorar nuestro sistema inmunológico y promover un envejecimiento saludable.

La espiritualidad no necesariamente se opone a la ciencia o al pensamiento racional. De hecho, muchas personas pueden integrar su práctica espiritual con su conocimiento científico y filosófico para desarrollar una comprensión más profunda y completa del mundo y de sí mismos.

La espiritualidad puede ayudarnos a lidiar con los desafíos y las dificultades de la vida, brindándonos un sentido de apoyo y consuelo en momentos difíciles.

En resumen, el ser humano puede ser considerado espiritual, y la espiritualidad puede desempeñar un papel importante en nuestra salud, bienestar y sentido de propósito en la vida. Es una experiencia personal y única que puede ser cultivada y experimentada de muchas maneras diferentes, y no necesariamente se opone a la ciencia o al pensamiento racional.

No identificarse con el mundo de las formas nos hará libres y plenos, ya que nos libera de las ataduras del mundo material, es aquí donde podemos encontrar nuestra conexión con el espíritu y el alma, que es nuestra verdadera esencia. Por ello, no le des más importancia a lo que acontece en tu vida, de lo que realmente amerita. Recuerda que nuestro Ser está aquí para vivir una experiencia en este mundo físico; y siempre busca ver más allá de lo que tus sentidos y creencias te pueden decir.

Enlace del vídeo "Consejos prácticos para desarrollar tu espiritualidad"
https://youtu.be/MnYzAhohjCg

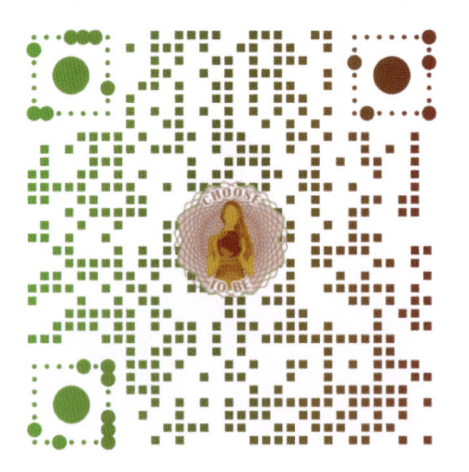

Espiritualidad: Reseña el símbolo

Las enseñanzas religiosas y filosóficas más populares del mundo:
- **CRISTIANISMO**: Jesucristo.
- **BUDISMO**: Hinayana, Mahayana y Zen.
- **HINDUISMO**: Señor Krisna.
- **JUDAÍSMO**: Abraham, Moises, Judaísmo moderno (la cábala, Sohar).
- **ISLAMISMO**: Mahoma.
- **TAOÍSMO**: Lao-Tsé, Li-Tsé y Choang-Tsé.
- **AGNOSTICISMO**: Anaxágoras, John Stuart Mill, Charles Darwin, Herbert Spencer, Marie Curie, Kant.
- **POLITEÍSMO**: mitología griega, nórdica, azteca e hinduismo.
- **ATEÍSMO**: Jean-Paul Sartre, Albert Camus, entre otros.

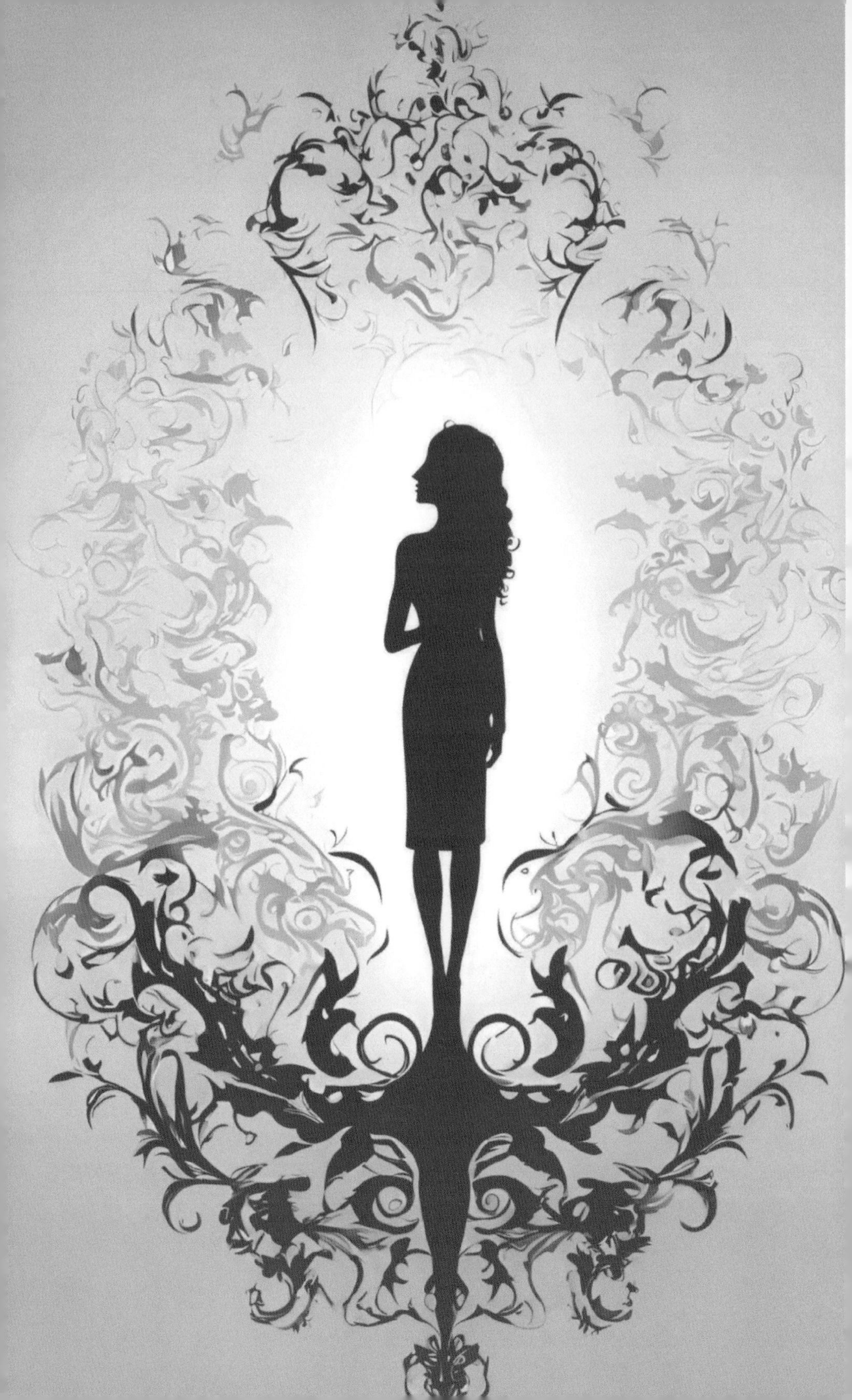

Capítulo 5

Intuición, ¿Cómo dotarnos de ella?

Cuando hablamos de dotarnos de la intuición, nos estamos refiriendo a desarrollar una mente genial o creativa. En el mundo espiritual, la intuición es clave para manifestar nuestros deseos, sueños o proyectos. La intuición, la imaginación, la emoción y la intención son la fórmula perfecta para alcanzar lo que eres, sientes y vibras.

La intuición la podemos definir como una habilidad innata que todos poseemos, pero no siempre le damos la importancia que merece.

Ahora bien, *¿Qué es la intuición?* Parte de la ciencia sostiene que es una forma de conocimiento que surge de manera rápida e inconsciente, basada en la experiencia previa, el instinto y la percepción intuitiva. Otros a menudo la describen como un presentimiento o una corazonada. Y hay quienes sostienen que la intuición es un conocimiento que viene del corazón.

El Dr. Mario Alonso Puig en su libro Resetea tu mente, indica que la razón, los sentimientos, las sensaciones, la intuición y la imaginación son las cinco maneras que los seres humanos disponemos para conocer el mundo exterior e interior. La intuición y la imaginación operan en un nivel supra sensorial, con la diferencia que la intuición es la responsable de captar y la imaginación de crear o manifestar.

La intuición capacita a nuestro cerebro para captar y leer la realidad profunda que sobrepasa nuestro pensamiento, sentimientos y sensaciones, es decir, la intuición nos dota de la capacidad de conectar con la dimensión supra sensorial o espiritual, y está capacidad la desarrollamos en nuestro hemisferio derecho central.

Lo que conocemos como revelaciones, premoniciones, realidades supra sensoriales y los sueños colectivos o inconscientes colectivos lo experimentamos gracias a la intuición. Se pueden definir dos niveles de intuición, un nivel donde captamos la información a través de nuestros sentidos, pero no somos conscientes de ello, y otro nivel más sofisticado donde recibimos información de dimensiones que escapan de la razón.

Existen *teorías que buscan explicar la naturaleza de la intuición*, a continuación listamos las teorías más destacadas:

Teoría del Proceso Dual: Desarrollada principalmente en la psicología cognitiva y propone que el cerebro tiene dos sistemas de procesamiento de información, uno rápido e intuitivo, y el otro más lento y analítico. Esta teoría propone que la intuición es el resultado del primer sistema, porque se basa en experiencias y patrones previos para ayudarnos a tomar decisiones rápidas.

Teoría de la Experiencia Acumulativa: Esta idea ha sido desarrollada en la psicología, especialmente la psicología del desarrollo y con investigaciones en neurociencia cognitiva. La teoría sostiene que la intuición a través de la acumulación de experiencias y conocimiento que ocurre a medida que las personas nos enfrentamos a diferentes situaciones, hace que nuestra intuición mejore y podamos reconocer patrones y señales que no son evidentes para las personas que no han experimentado esas situaciones.

Diagrama niveles de la intuición

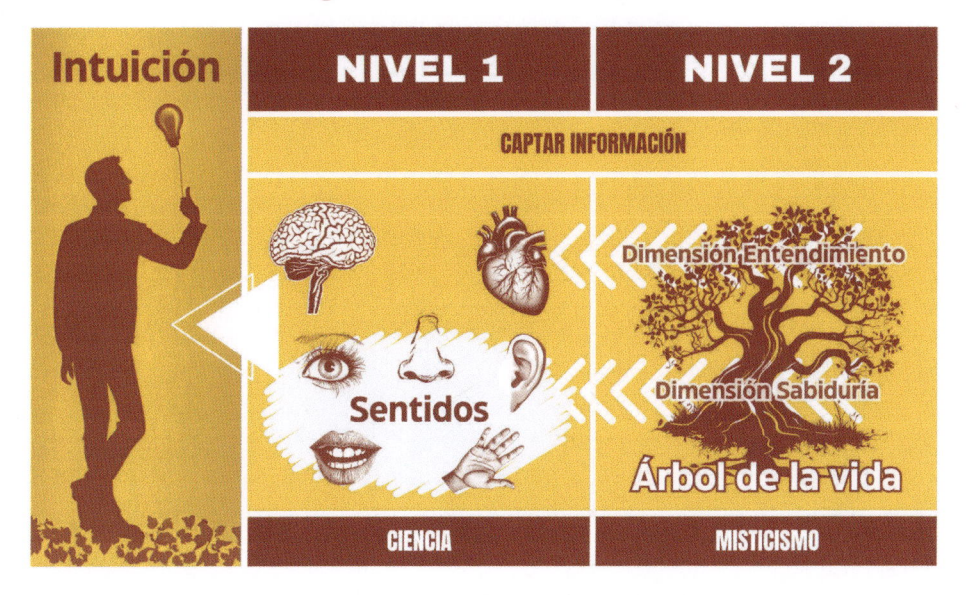

Teoría de la Cognición Incorporada: La filosofía de la mente, neurociencia cognitiva y psicología sugieren con esta teoría que la mente y el cuerpo están intrínsecamente conectadas, y la intuición es el resultado de la interacción entre la mente, el cuerpo y el entorno. La información sensorial y las sensaciones físicas contribuyen a la formación de la intuición.

Teoría de la Memoria de Trabajo: Esta teoría se ha desarrollado en el contexto de entender cómo la mente retiene y manipula información, y está estrechamente relacionada con la psicología cognitiva y la neurociencia.

Teoría de la Simulación Mental: Esta idea ha sido explorada en la psicología cognitiva y filosofía de la mente. Esta teoría postula que las personas pueden imaginar diferentes escenarios, es decir, realizar simulaciones mentales de situaciones, por lo que podrán intuir cuál sería la mejor decisión o acción a tomar.

Teoría de la Conexión Cerebral: Las investigaciones llevadas a cabo principalmente en el campo de la neurociencia, sugieren que la intuición está asociada con la conexión y coordinación eficiente entre diferentes regiones del cerebro. Y que la comunicación rápida y fluida entre estas regiones puede facilitar la toma de decisiones intuitivas.

Ahora bien, te presentamos *cuatro aspectos donde la intuición puede ser una valiosa aliada*:

La intuición y la toma de decisiones

Uno de los aspectos más intrigantes de la intuición es su capacidad para ayudarnos en la toma de decisiones. En muchas ocasiones, nos encontramos en situaciones en las que no hay tiempo para analizar todas las opciones de manera exhaustiva.

La intuición es un proceso rápido y subconsciente que se basa en nuestra experiencia acumulada y en la percepción de patrones. Cuando confiamos en nuestra intuición, estamos aprovechando la sabiduría acumulada a lo largo de nuestras vidas. A menudo, es esa voz interior la que nos lleva por el camino correcto, incluso cuando no podemos explicar por qué.

La intuición en la creatividad

La intuición no solo se aplica a la toma de decisiones pragmáticas, sino que también desempeña un papel crucial en el proceso creativo. Artistas, escritores y músicos a menudo confían en su intuición para inspirarse y crear obras maestras. La intuición permite la exploración de ideas audaces y la conexión con emociones profundas.

Al seguir nuestra intuición, podemos romper barreras creativas y alcanzar niveles de expresión que de otro modo serían inalcanzables. La intuición nos permite liberar nuestra creatividad y dar vida a nuestras ideas más audaces.

La intuición es como una llave que desbloquea las puertas de la innovación y la originalidad.

La intuición en las relaciones personales

A menudo, nuestra intuición nos advierte de situaciones negativas o personas tóxicas antes de que podamos identificar el problema de manera consciente. Confiar en nuestra intuición en el ámbito interpersonal nos protege y nos permite construir relaciones más saludables y significativas.

La empatía, que es una forma de intuición emocional, nos permite sintonizar con los sentimientos de los demás y comprender sus necesidades. Esta habilidad no solo fortalece nuestras relaciones, sino que también contribuye a un mundo más compasivo.

La intuición y el liderazgo.

La intuición es una habilidad muy importante en el liderazgo, ya que los líderes se enfrentan a situaciones en la que ameriten tomar decisiones rápidas y eficientes. La intuición dota al líder de información instantánea que proviene de experiencias anteriores y de la verdadera comprensión de la situación que se presenta. Otro beneficio es la identificación de dirección y estrategias nuevas, que son producto de la percepción y conexión sutiles ya que muchas veces no pueden ser identificadas en el análisis lógico. También, la intuición ayuda al líder en el manejo efectivo de situaciones críticas, aquí los sentidos juegan un importante papel, pues el líder puede llegar a sentir cuál es la mejor vía de solución del conflicto. Entre otros beneficios están la gestión de equipos, desarrollo de la empatía en las relaciones interpersonales y proponer soluciones creativas y novedosas, esto debido a que la intuición potencia la creatividad e innovación en los líderes.

Y por último, sabes que la intuición es una habilidad que puedes fortalecer. Aquí te mencionamos algunas formas para lograrlo:

- ❖ Práctica la meditación y la atención plena para sintonizar con tus pensamientos y emociones.

- ❖ Lleva un diario de tus intuiciones y reflexiona sobre sus resultados.

- ❖ Confía en tu instinto en decisiones cotidianas para desarrollar confianza en tu intuición.

- ❖ Práctica la creatividad en tus actividades diarias para conectarte con tu intuición.

- ❖ Escuchar a tu cuerpo, nuestro cuerpo a menudo reacciona ante situaciones de manera instintiva. Prestar atención a las señales físicas, como la sensación en el estómago o el ritmo cardíaco, puede proporcionar pistas sobre la intuición.

✧ Aprende de tus experiencias y reflexiona sobre cómo tus decisiones basadas en la intuición han influido en los resultados.

Intuición: Acertijo

1. ¿Cuál es el número romano que sigue?
   En cada número romano, el número de uniones debe aumentar en 1.

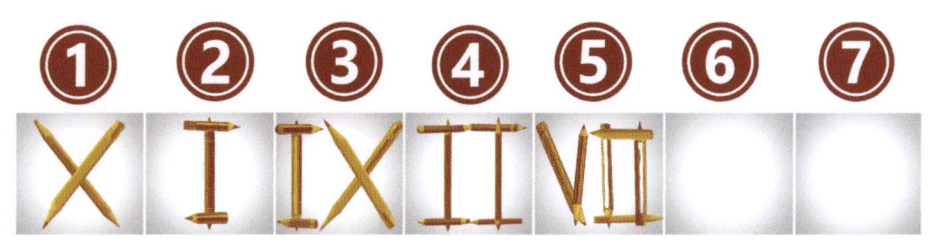

2. Se dice que Jesucristo, en el Sermón de la Montaña, subió a la montaña, se sentó y dibujó el siguiente esquema:

Usa tú intuición e indica:
   1. ¿A quién Jesucristo representó con el punto?
   2. ¿A quién o a quiénes representó con el cuadrado?
   3. ¿A quién o quiénes representó con el círculo?

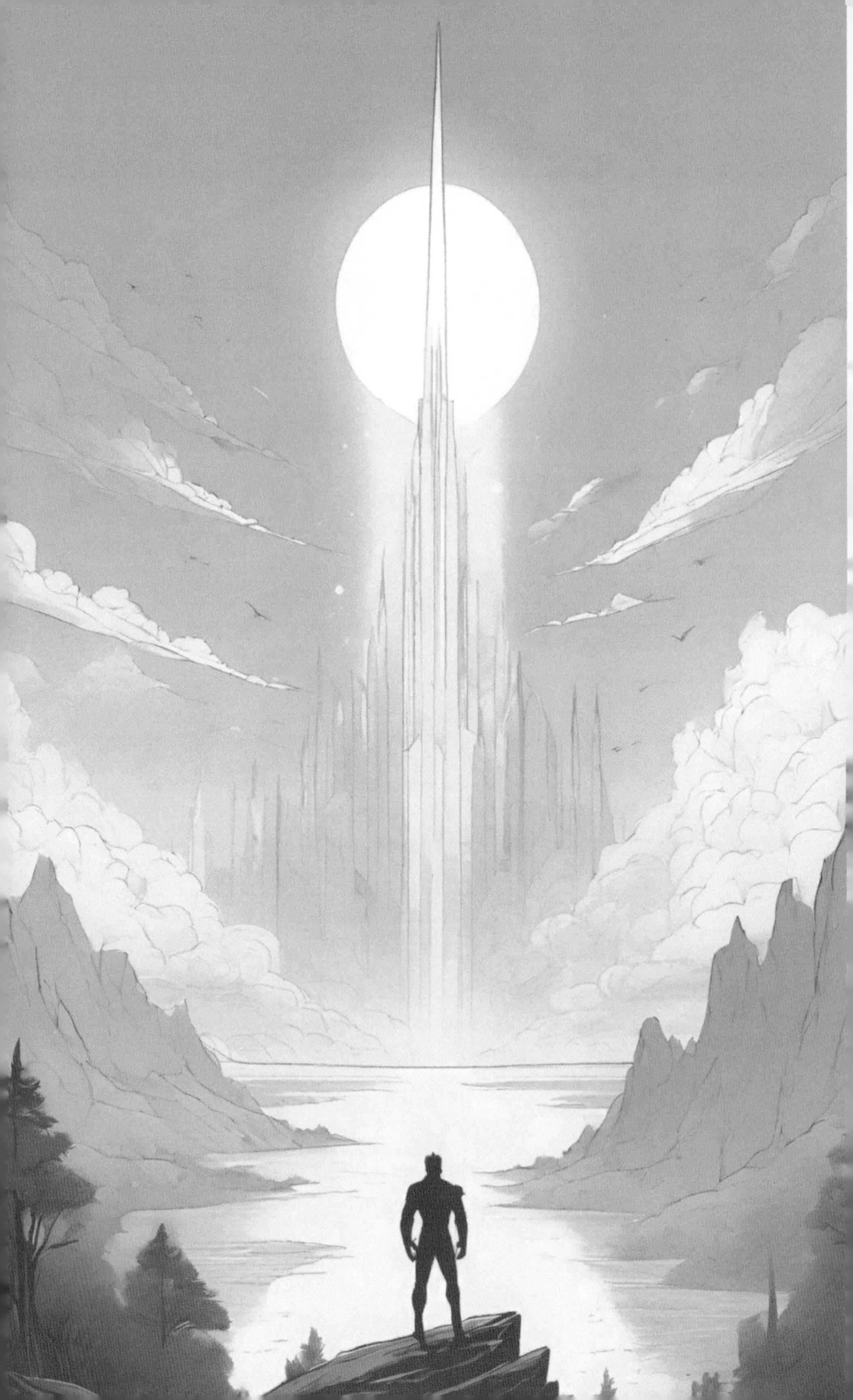

Capítulo 6
El poder de la visualización para lograr tus metas

La visualización es una herramienta poderosa. Puedes utilizarla para cambiar la dirección de tu vida, desde la escala más pequeña, hasta las cosas más grandes y trascendentes. Si buscas una forma de alcanzar tus objetivos, ¡la visualización es una de las claves!

¿Qué significa visualizar?

Es un proceso mediante el cual visualizas un objetivo o resultado que quieres en tu vida y luego das pasos para conseguirlo.

La visualización suele consistir en hacer un dibujo del resultado final, pero hay muchos tipos de visualización que funcionan para cada persona.

En la práctica, es crear imágenes mentales de lo que quieres conseguir. Es una herramienta poderosa que puede ayudarte a alcanzar tus sueños.

Es fácil quedarse atrapado en los detalles de la vida, sobre todo cuando se trata de alcanzar grandes metas como conseguir un ascenso en el trabajo o abrir un nuevo negocio. Pero si quieres aprovechar el poder de la visualización, es importante que dediques tiempo cada día a mejorar tu vida.

Aquí tienes algunos consejos sobre cómo utilizar la visualización de forma eficaz:

Primero. Crea una imagen en tu mente de cómo quieres que sea tu vida:

Segundo. Crea la imagen utilizando tantos sentidos como te sea posible:

Tercero. Siente cómo avanzas hacia tu objetivo:

Imagina intensamente como te levantas de la cama cada mañana y avanzas hacia tu objetivo.

La visualización tiene fama de ser algo woo-woo, pero la realidad es que es una herramienta poderosa para conseguir tus objetivos.

Sin embargo, es importante advertir que todo empieza con la mentalidad adecuada.

Si no estás preparado para visualizar tu camino hacia el éxito, es mejor que lo evites por el momento. Esto no quiere decir que desista, pero cuando te lo propones y te esfuerzas, la visualización puede ser una forma poderosa y eficaz de obtener resultados, que aunque no se manifiesten de inmediato, lo harán.

He allí lo fundamental y conveniente de que todo sea positivo, desde las intenciones hasta los propósitos y las emociones.

Por otra parte, la visualización puede ayudarte, sin ninguna duda, a alcanzar tus objetivos:

¿Cómo?

Te ayuda a centrarte en lo que importa. Cuando pasas tiempo visualizando tus objetivos, es más probable que dejes de centrarte en otras cosas y pases a la acción para conseguirlos.

Esto se debe a que cuando te centras intensamente en algo, tu mente tiende a establecer conexiones entre las cosas que tienen sentido y te conducen hacia tus objetivos.

También te ayuda a superar emociones negativas como el miedo o la duda. Muchas personas se dan cuenta de que no pueden superar estas emociones negativas hasta que las visualizan siendo superadas por sentimientos positivos, en lugar de sentirse abrumados por ellas.

¡Y esto funciona siempre!

La visualización te ayuda a centrarte en lo más importante cuando te enfrentas a retos en el camino hacia el éxito.

Todos tenemos objetivos. Algunas personas los fijan, otras simplemente saben que quieren alcanzarlos.

Lo que hace que alcanzar tus objetivos sea tan difícil está relacionado directamente con la falta de práctica al visualizar lo qué vas a hacer, o el cómo te sentirás cuando lo hayas hecho.

Es fácil atascarse en los detalles de un plan y hasta olvidar el por qué querías hacer el cambio en primer lugar.

Pero, hay una forma secreta e infalible de visualizar tus objetivos, y que puede ayudarte a conseguirlos, como por ejemplo, usar la visualización por asociación.

La visualización por asociación es el proceso de relacionar una cosa con otra que ya conocemos bien, basándose en su aspecto, sonido, tacto, olor o incluso en su sabor.

Al asociar un elemento con otro, y luego vincular esos dos elementos juntos en tu mente, te da fácilmente la capacidad de ver el resultado final y lograr el objetivo.

¡Esto hace que sea mucho más fácil para la mente subconsciente trabajar en conseguirlo!

Visualizar es un proceso activo que te conecta con la fuente, con tu verdadero poder interior. No es magia; al imaginar lo que quieres, en verdad lo estás creando en tu mente antes de que ocurra en lo que llamamos la realidad.

En fin, al visualizarte a ti mismo alcanzando ya tus objetivos, te enseña a centrarte en el presente, no en lo que tiene que ocurrir a continuación, no en la inmediatez, sino a adquirir esa confianza, esa capacidad natural de tu cerebro que hará manifestar toda esas cosas en la realidad.

Enlace del vídeo "El poder de la visualización para lograr tus metas"
https://youtu.be/n3nZkhlS3Vc

Visualización: Puzzle para colorear

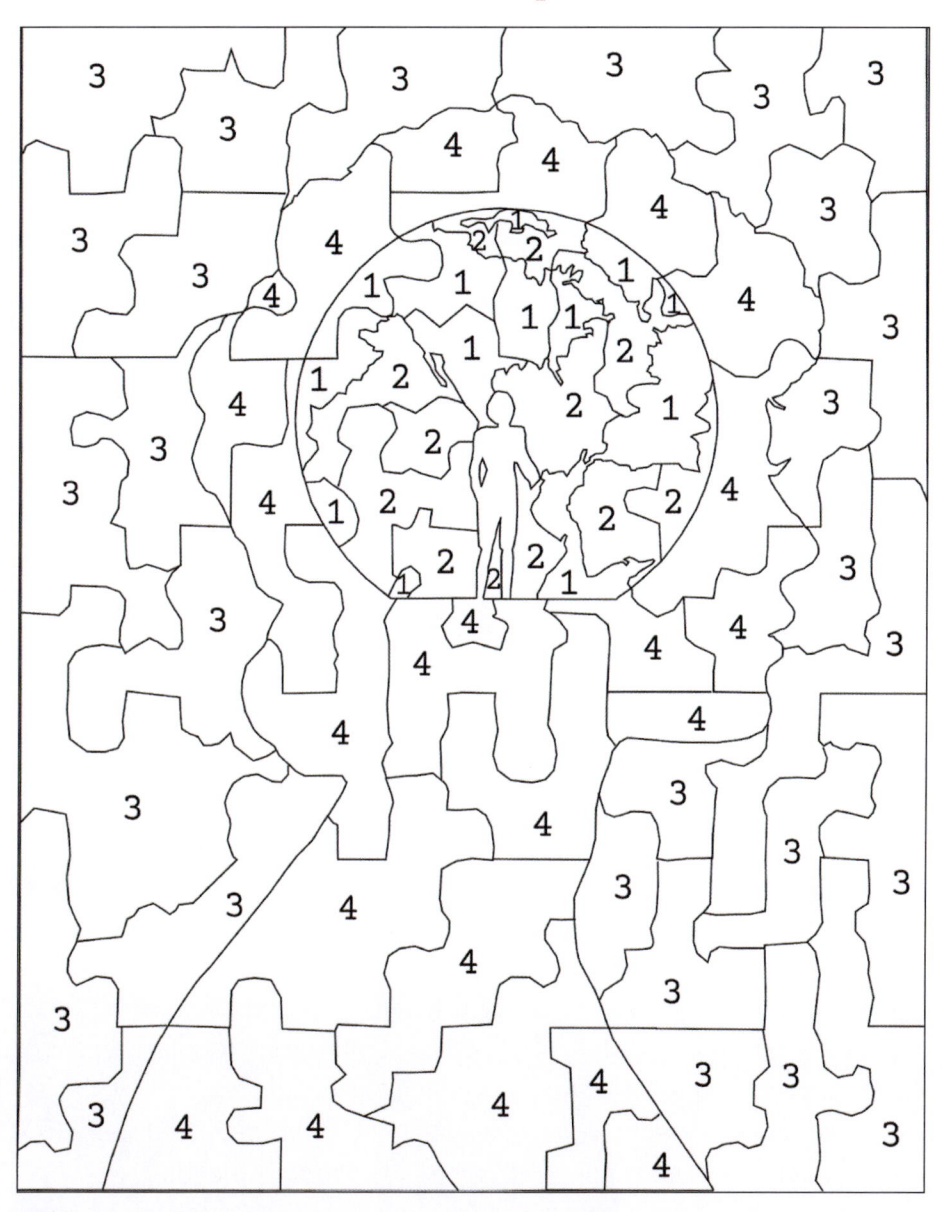

DIBUJO PARA COLOREAR POR NÚMERO, VISUALIZA EN TU MENTE.
ESCOGE UN COLOR POR CADA NÚMERO, TE RECOMENDAMOS QUE LOS COLORES VAYAN DESDE EL MÁS CLARO AL MÁS OSCURO, COMENZANDO CON EL NÚMERO 1 COMO EL MÁS CLARO, ASÍ LOS COLORES Y TU ENFOQUE TE AYUDARÁN A MATERIALIZAR EL DIBUJO EN ESTE PAPEL.
¡DIVIÉRTETE!

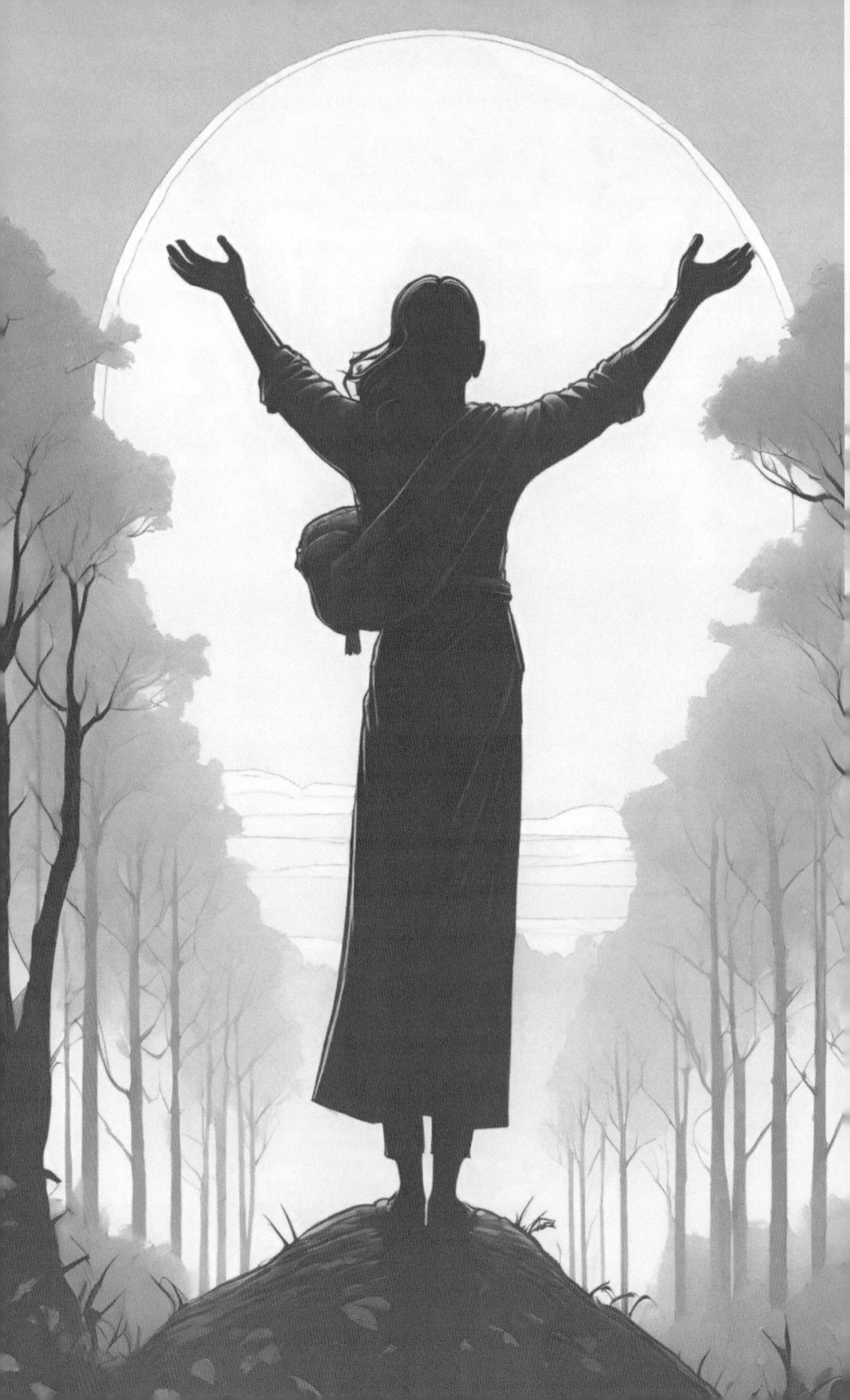

Capítulo 7

¿Cómo cultivar la gratitud y la positividad en tu vida diaria?

La filosofía sostiene que la gratitud es la mejor virtud que puedes cultivar, mientras que la ciencia ha comprobado que la gratitud te aporta beneficios emocionales, mentales y físicos.

La gratitud es una emoción y actitud positiva que sentimos cuando reconocemos y valoramos las cosas buenas que experimentamos en la vida, las personas que nos rodean e inspiran, y las cosas que tenemos en nuestra vida. Es una sensación de agradecimiento y aprecio hacia algo o alguien, y se manifiesta a través de pensamientos, palabras y acciones. También podemos decir que la gratitud es un rasgo del carácter que nos ayuda a sentirnos más satisfechos con la vida y nos impulsa a la acción.

¿Por qué es importante la gratitud?

La gratitud es importante porque te permite enfocarte en lo positivo, en lugar de enfocarte en lo negativo. Al practicar la gratitud, podemos aumentar nuestro bienestar emocional, nuestra resiliencia y nuestra felicidad en general. Además, la gratitud también puede ayudarte a fortalecer tus relaciones interpersonales y sociales, mejorar tu salud física, estabilidad psicológica, mejorar tu autoestima y aumentar tu fortaleza mental.

Cuando decimos que la gratitud te permite enfocarte en lo positivo, nos referimos a la positividad, que es una actitud mental y emocional optimista y esperanzadora hacia la vida y hacia uno mismo. La positividad te dota de una perspectiva que se enfatiza en lo bueno, en las oportunidades y en el potencial de las situaciones, personas y eventos, en lugar de enfatizar lo negativo o limitaciones.

La positividad puede ser un rasgo de personalidad, pero también, a través de la práctica, puedes cultivarla y desarrollarla. Entre las prácticas que puedes adoptar están el pensamiento positivo, la gratitud, la meditación, el ejercicio físico, el apoyo social, entre otros.

¿Qué significa ser positivo?

Ser positivo significa, buscar soluciones en lugar de problemas, tener esperanza y fe en el futuro, ser capaz de ver el lado bueno de las cosas y de las personas, tener una mente abierta y flexible, tener empatía, tener la capacidad para adaptarse y superar los desafíos y obstáculos de la vida.

¿Cuáles son los hábitos y rutinas que te pueden ayudar a cultivar la gratitud y la positividad?

Aquí te compartimos algunos hábitos y rutinas que te pueden ayudar a cultivar la gratitud y la positividad:

Aprende a reconocer tus pensamientos negativos: A menudo, tus pensamientos pueden estar dominados por lo negativo, lo que puede afectar tu perspectiva general. Aprende a reconocer estos pensamientos y reemplazarlos con pensamientos más positivos y realistas.

Escribe diariamente dónde centrarás cada día tu gratitud: Puede ser que al despertarte escribas dónde te gustaría enfocar tu gratitud ese día, focaliza tu pensamiento positivo en esa persona o cosa hasta que se manifieste el sentimiento de gratitud en tu cuerpo.

Escribe en un diario o comparte tus pensamientos con alguien cercano: Dedica todos los días tiempo para reflexionar y escribir sobre las cosas y personas por las que sientes agradecimiento. Además, es importante evitar comparar tu vida con la vida de otros. Todo esto te permitirá adoptar una perspectiva positiva.

Escribe cartas de agradecimiento, elogia y perdona: Agradece a personas que te hayan inspirado, elogia a personas que hayan influido en tu vida y perdona a personas que hayan causado algún daño. Dar un reconocimiento sincero a personas que nunca suele elogiar, aquí es importante. Enfócate en las cosas positivas de la persona y, desde una reflexión honesta y sincera, experimenta el sentimiento de agradecimiento y perdón por algunas actitudes, acciones y experiencias que has vivido con esa persona. Es fundamental que se lo hagas saber a la persona.

Practicar la meditación: La meditación puede ayudarte a estar más presente en el momento presente y a ser más consciente de tus pensamientos y emociones. Esto puede ayudarte a reducir el estrés y la ansiedad, y a mejorar tu bienestar emocional.

Rodéate de personas positivas: Pasar tiempo con personas que tienen una actitud positiva puede tener un impacto positivo en tu forma de ver y experimentar la vida. Busca personas que te apoyen, te inspiren y te animen a sacar la mejor versión de ti mismo.

Haz ejercicio regularmente: El ejercicio puede ayudarte a reducir el estrés, aumentar tu energía y mejorar tu estado de ánimo. Encuentra una actividad física que disfrutes y hazla regularmente.

Practicar la autocompasión: Aprende a tratarte a ti mismo con amabilidad y compasión. Apréciate, valora tus esfuerzos y celebra tus resultados. Esto puede ayudarte a reducir el estrés y la ansiedad, y a desarrollar una perspectiva más positiva sobre ti mismo y sobre la vida en general.

Ten tu lista de las razones para ser feliz: Presta atención en las cosas y personas que te hacen feliz y las cosas diarias que disfrutas.

Practicar actos de amabilidad, honestidad, servicio, compasión y bondad: Estas son formas de expresar tu gratitud por la vida. Participa en trabajos voluntarios, dedica tiempo a seres con cierta condición de vulnerables.

Aprende algo nuevo: Aprender algo nuevo puede ser una forma emocionante de expandir tus horizontes y de mejorar tu visión sobre la vida. Toma un curso, aprende un nuevo idioma o lee un libro sobre un tema que te interese. Esto puede ayudarte a desarrollar una perspectiva más positiva y atractiva sobre la vida.

¿Cuáles son las recompensas que te genera la práctica de la gratitud?

Los actos de agradecimientos se manifiestan en lo físico cambiando los niveles en tu cuerpo de las siguientes hormonas:

Liberación de dopamina, hormona importante en el procesamiento del dolor, por su efecto analgésico.

Disminución del cortisol, hormona del estrés.

Niveles estables de serotonina, hormona que promueve el equilibrio emocional, también conocida como la hormona de la felicidad.

Por lo tanto, entre las recompensas que tú obtendrás están:

1. Cambio de la estructura de tu cerebro, mantiene la materia gris funcionando.
2. Mejora en tu sistema inmunológico.
3. Disminución de la susceptibilidad al dolor.
4. Disminución de la presión arterial.
5. Reducción del estrés, la ansiedad y la depresión.
6. Aumento de la felicidad.
7. Mejora en la calidad del sueño.
8. Aumento del optimismo.
9. Mejoras en tus relaciones personales y sociales.
10. Mejora tu estado de ánimo.
11. Emociones más positivas.
12. Más capacidad para la resiliencia, generosidad y compasión.
13. Conexión con la abundancia. Cuando agradeces todo lo que tienes cambias tu sentir ante la vida, te conectas con toda la abundancia que hay en el universo y, por ende, en tu vida. El agradecimiento o práctica de la gratitud es el link que te lleva a conectar con la abundancia que hay en tu vida.

Enlace del vídeo "¿Cómo cultivar la GRATITUD y la POSITIVIDAD en tu vida diaria?"
https://youtu.be/KnqCVdSwEBQ

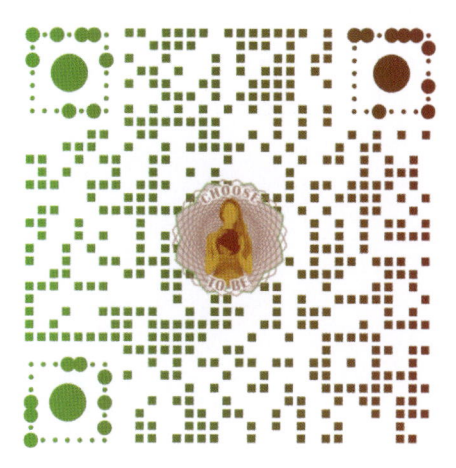

Gratitud y positividad: Crucigrama

Horizontal

GRATITUD (8 letras), sentimiento de agradecimiento por lo que se tiene. **POSITIVIDAD** (11 letras), cualidad de ser positivo y optimista. **AGRADECIMIENTO** (14 letras), acto de dar gracias a alguien. **GRACIAS** (7 letras), expresión de agradecimiento. **OPTIMISMO** (9 letras), virtud que consiste en ver el lado bueno de las cosas.

Vertical

AGRADECIDO (10 letras), persona que es agradecida. **REGALO** (6 letras), lo que se recibe como muestra de agradecimiento. **FELICIDAD** (9 letras), sentimiento de alegría y satisfacción. **FELIZ** (10 letras), acción de hacer el bien a alguien. **POSITIVO** (8 letras), persona que es positiva.

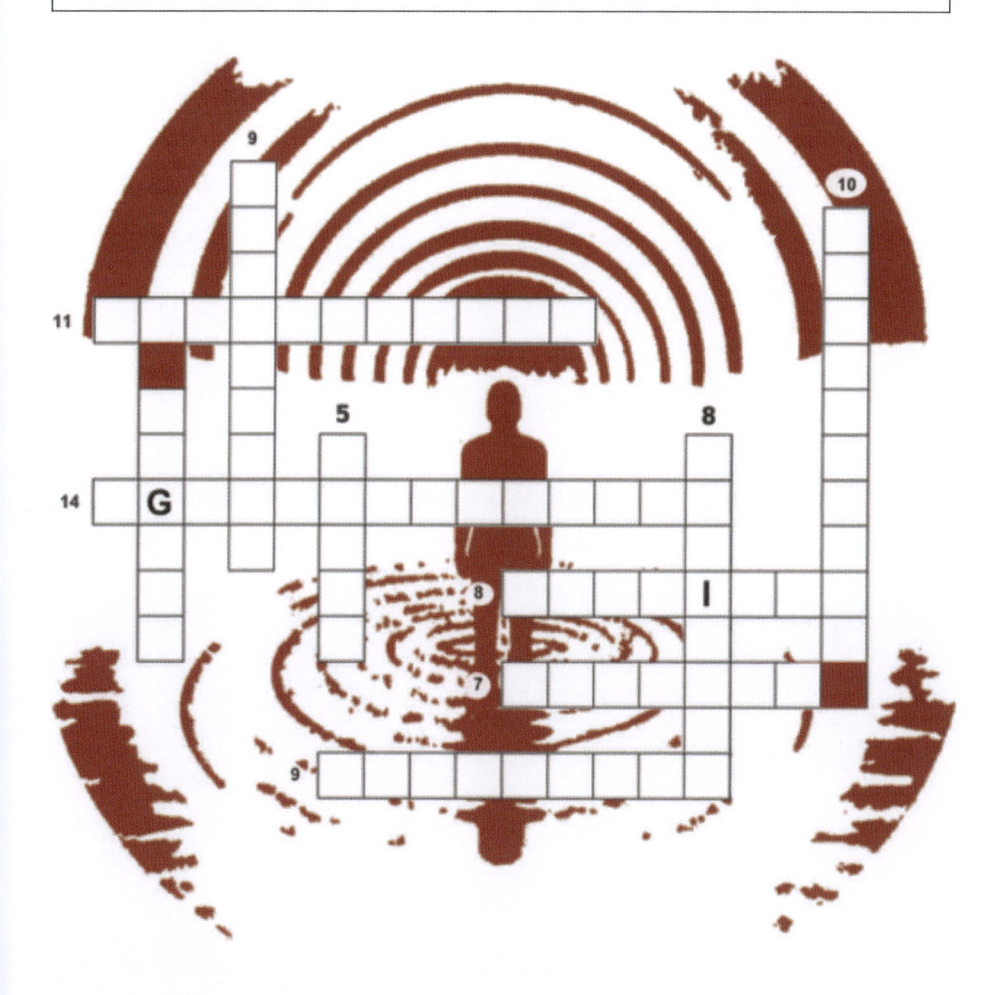

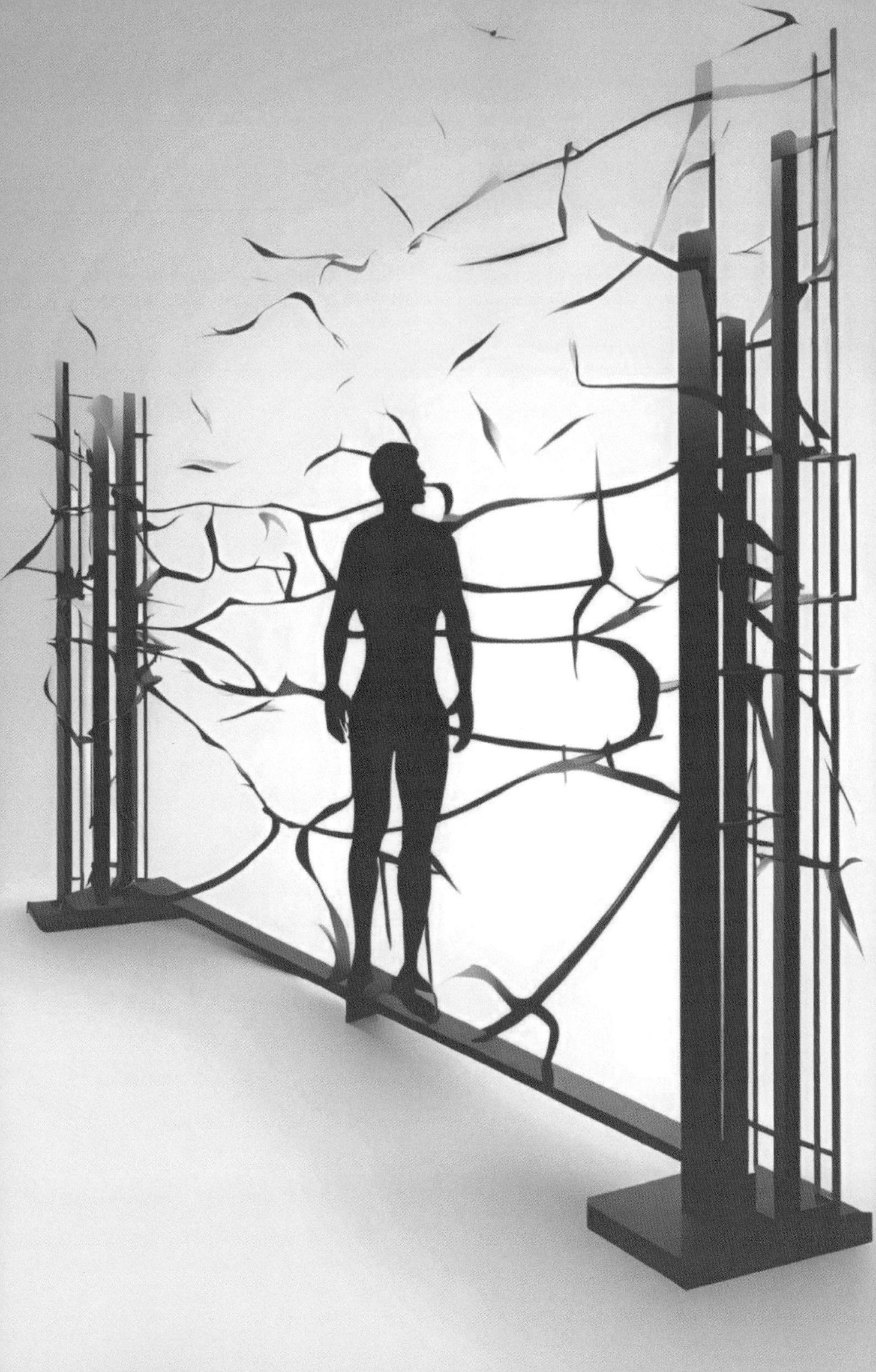

Capítulo 8

Creencias limitantes, ¿Cómo superarlas?

Las creencias limitantes emergen como entidades sutiles pero poderosas que pueden ejercer una profunda influencia adversa en tu bienestar emocional y desarrollo personal.

Estas creencias, pueden ser inducidas por experiencias pasadas o auto inducidas por la autorreflexión negativa, y operan como obstáculos en tu camino hacia la autorealización y el crecimiento personal.

A continuación exploramos juntos las profundidades de las creencias limitantes, abordando sus orígenes, impacto y, lo que es aún más importante, las estrategias para superarlas y desbloquear todo tu potencial humano.

Las creencias limitantes, se encuentran intrincadas en el tejido de la mente humana, son pensamientos arraigados que dan forma a la percepción individual de uno mismo y del mundo que te rodea. Éstas pueden surgir de diversas fuentes, como experiencias pasadas de fracaso, críticas internas o externas, así como sistemas de creencias familiares, culturales y sociales. Estas creencias a menudo actúan desde un nivel subconsciente, afectando la toma de decisiones, las aspiraciones y minando la autoconfianza.

¿Cómo se manifiestan las creencias limitantes?

Como te dijimos al comienzo, las creencias limitantes pueden manifestarse de dos maneras fundamentalmente: *inducidas o autoinducidas*.

En el primer caso, las influencias externas, como los comentarios despectivos o las expectativas poco realistas, pueden sembrar la semilla de la autoduda y la percepción negativa. Por otro lado, las *creencias limitantes autoinducidas* son el producto de una introspección negativa y un autoconcepto distorsionado. Ambas formas conmocionan la vida de una persona de manera similar, actuando como cajas de resonancia de una autopercepción negativa.

La huella de las creencias limitantes es profunda y puede afectar múltiples áreas de la vida. *En el plano emocional individual*, estas creencias pueden dar lugar a la ansiedad, la depresión y la baja autoestima. *En el ámbito social*, pueden limitar las relaciones interpersonales y la participación en actividades que se perciben como desafiantes.

Además, las creencias limitantes pueden actuar como barreras en el proceso de toma de decisiones, provocando una autoinhibición que impide la búsqueda de nuevas oportunidades.

Pasos para superar las creencias limitantes

A pesar de la resistencia inherente de las creencias limitantes, existen una serie de estrategias efectivas para enfrentar y transformar estas percepciones negativas arraigadas en cada persona.

El primer paso hacia la superación de las creencias limitantes implica el *reconocimiento de su existencia. La autoconciencia* te permite identificar esos patrones de pensamiento negativo y sus efectos en tu vida cotidiana.

En segundo lugar, *la terapia de reevaluación cognitiva* se destaca como una herramienta poderosa, que te ayuda a valorar y desafiar tus creencias limitantes con evidencia contraria, que pueda permitirte cambiar tu perspectiva y fomentar una visión más equilibrada de ti mismo.

Tercero, *la técnica del reframing o cambio del marco de referencia* consiste en cambiar la forma en que ves una situación. Al reinterpretar los eventos desde una perspectiva más positiva, es posible que reduzcas la influencia de las creencias limitantes.

Cuarto, *las técnicas de mindfulness o la práctica de la atención plena* puede aumentar la conciencia de los patrones de pensamiento y permitir el distanciamiento de las creencias limitantes, creando espacio para la autotransformación.

Quinto, *establecer y definir metas realistas y alcanzables* puede contener las creencias limitantes al demostrar tu capacidad de superar obstáculos y alcanzar logros.

Por último, en casos más intensos, *trabajar con un profesional de la salud mental puede brindar un entorno de apoyo y técnicas especializadas* para abordar las creencias limitantes arraigadas.

Superar las creencias limitantes implica una reconstrucción gradual del sistema de creencias internas. A través de la autorreflexión, la introspección y la adopción de estrategias psicoterapéuticas, es posible cambiar el diálogo interno y cultivar un sentido de autoestima y autoempoderamiento.

Al abordar estas creencias limitantes, se desbloquea todo tu potencial humano para el crecimiento personal, la autorrealización y la creación de una vida enriquecedora y con significado.

Las creencias limitantes pueden ser, tanto una causa como una consecuencia de la indefensión aprendida.

*Como causa, l*as creencias limitantes, son aquellas ideas negativas y autolimitantes sobre las propias capacidades y sobre el control de las situaciones, y pueden ser una causa de origen de la indefensión aprendida.

Cuando una persona ya posee creencias limitantes, es más propensa a estar predispuesta a interpretar eventos negativos como confirmaciones de su falta de capacidad para influir en su entorno, y la lleva a la creación de un patrón de pensamiento en el que la persona tiende a sentirse impotente, lo que finalmente conduce a la indefensión aprendida.

Por otro lado, *como consecuencia* la indefensión aprendida también puede llevar al desarrollo de creencias limitantes. Después de experimentar repetidamente situaciones en las que sus acciones no tuvieron ningún efecto o éxito, una persona puede comenzar a internalizar la idea de que no tiene control sobre su vida. Estas experiencias repetidas pueden dar lugar a creencias autolimitantes sobre su capacidad para cambiar su situación o influir en los resultados.

Así, las creencias limitantes pueden predisponer a alguien a desarrollar indefensión aprendida, y la indefensión aprendida puede reforzar creencias limitantes.

En consecuencia, es importante abordar ambas facetas en los procesos de superación personal, porque trabajar en la modificación de creencias limitantes también te puede ayudar a prevenir o romper el ciclo de la indefensión aprendida.

Enlace del vídeo "Creencias limitantes.¿Cómo superarlas?" https://youtu.be/JIOn6bZnFic

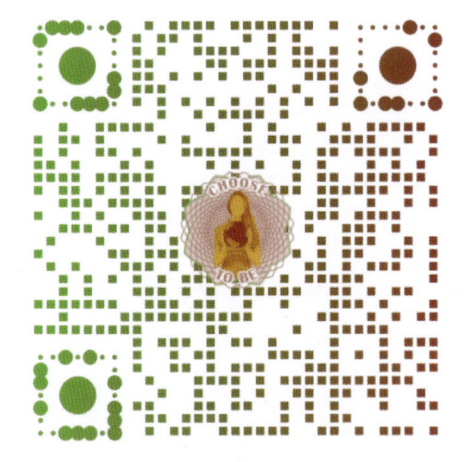

Creencias limitantes: Sopa de letras

```
I N D U C B U I P E J B O Y A L A N A G
N W A K A T G N O I X E L F E R O T U A
H F D D M Q U E H O M T F A O I A S J L
C R E C C C Y V I N D U C Y C I D A T U
R R I C R R R M N O Q N U I N N U Q O T
E R N A T E Z E T F I Y B U R T A U R E
F A F E J Z E E E L U I L O Y R K G U C
R Q L G A H O R Z T H L O I F O I Y R N
A I U I H T A C A N A I M N R S R F A I
M K E O M H P S I C O T E R A P I A N C
I H N V A I J O J O E I K M I E R L J A
N I C T N A T O P C N I A A N C L Q U S
G F I U T U N A N I A J U U A C J I S E
X G A N A L K I C A U F T T T I N G L S
M I A E U L C P R I T R O O H O A L F P
N K D I M A U T O C O N C I E N C I A E
T U V G S A T U Q U R N O N N M L I K C
M L E S P E C I A L I Z A D A R J S A I
E J R U H E I G M I N D F U L N E S S A
T A S Q U L S Q U S E I T C F I L A R L
A N A L M E T A S R E A L I S T A S A I
I N H L A Y F T A N L U X D E I D A V Z
Y N A Q U M I K A I B A W A L J Z T I A
I N D U C I D A S I A J H S A S Y T F D
K I H Q U J U N K F M G T I N O W O M A
A M O N O Y O P A E D O N R O T N E Y S
```

1. CREER	6. AUTOCONCIENCIA	11. TÉCNICAS ESPECIALIZADAS
2. LIMITACIÓN	7. REFRAMING	12. AUTORREFLEXIÓN
3. INFLUENCIA ADVERSA	8. MINDFULNESS	13. INTROSPECCIÓN
4. INDUCIDAS	9. METAS REALISTAS	14. PSICOTERAPIA
5. AUTOINDUCIDAS	10. ENTORNO DE APOYO	15. AUTOINHIBICIÓN

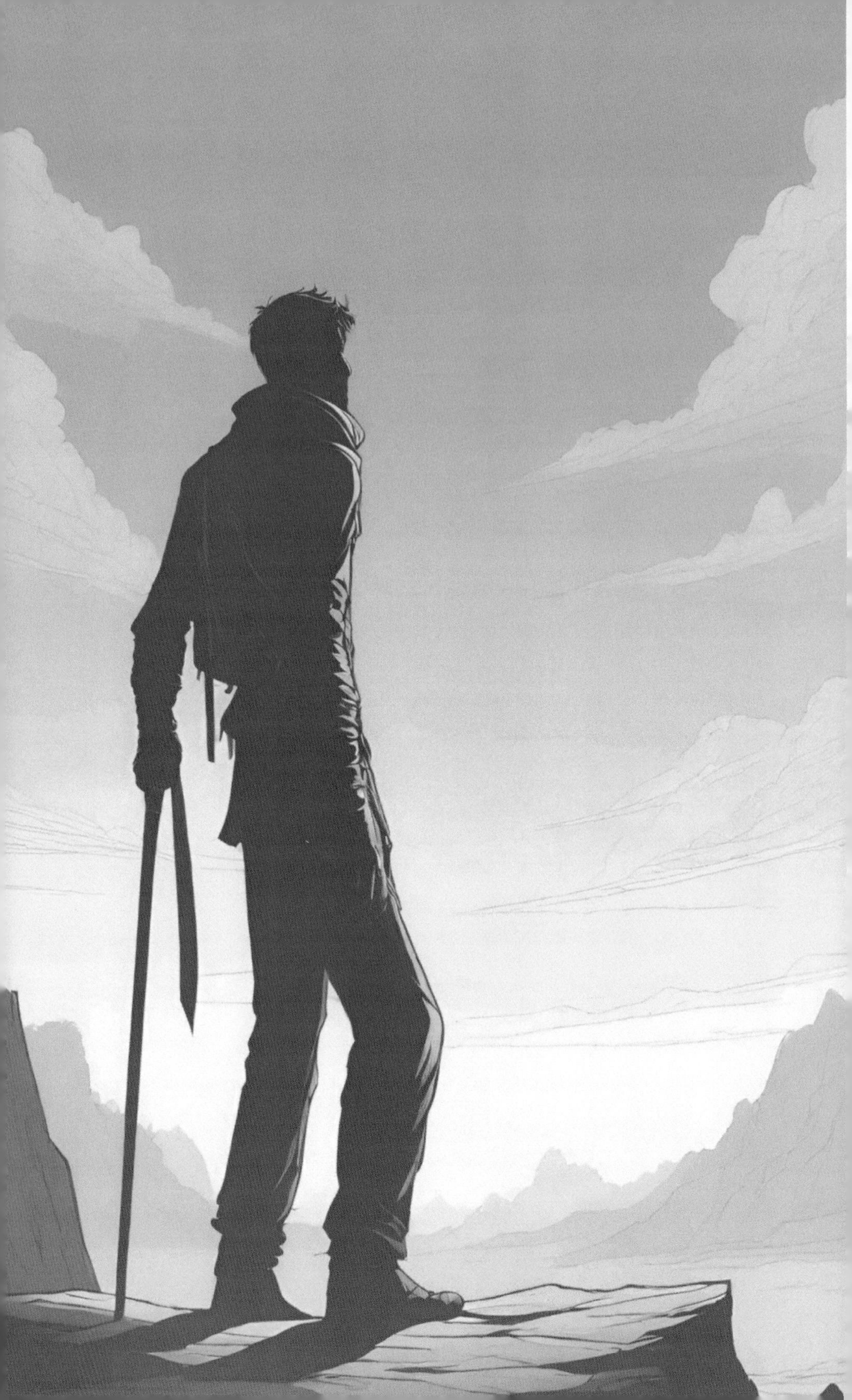

Capítulo 9

¿Cómo sobreponerse a la indefensión aprendida con resiliencia y voluntad?

Inmersos en la intrincada interacción entre la mente humana y su entorno, la ciencia ha arrojado luz sobre diversos fenómenos que influyen en nuestro comportamiento y bienestar emocional.

Uno de estos fenómenos es la "indefensión aprendida o inducida", la cual se manifiesta como la percepción de falta de control para modelar nuestras respuestas ante desafíos y dificultades.

En este capítulo, exploramos en profundidad el concepto de indefensión aprendida o inducida, su impacto en la psique humana y, lo que es más importante, las estrategias para superarla y restablecer una sensación de empoderamiento.

El término de indefensión aprendida o inducida fue acuñado por el psicólogo Martin Seligman en la década de 1960, y se refiere a un estado mental en el cual una persona cree que no tiene control o influencia sobre su entorno, incluso cuando es posible cambiarlo.

Este fenómeno se origina en experiencias traumáticas pasadas, y en las cuales un individuo se enfrenta a situaciones adversas que lo hacen sentir impotente e incapaz de evitarlas, lo que reafirma la creencia de que el esfuerzo es inútil y la ayuda exterior no tendrá ningún efecto.

Algunos factores que la originan son; la falta de apoyo social, experiencias traumáticas y situaciones de abuso que pudieron contribuir al desarrollo de esta creencia de falta de control.

La indefensión aprendida tiene profundas implicaciones para la salud mental y emocional. Quienes la sufren y experimentan tienden a sentirse abrumados, desesperados y desprovistos de confianza en sí mismos.

Esto resulta en un círculo vicioso, que mantiene a la persona anclada a la falta de iniciativa, y donde la anticipación de un resultado negativo perpetúa la creencia de que el control es inalcanzable y la superación del problema insuperable.

En consecuencia, este fenómeno puede contribuir a la apatía, la depresión, la ansiedad, la falta de motivación y la disminución de la autoestima, haciendo que las personas eviten nuevas situaciones desafiantes por temor a fracasar, lo que limita su crecimiento y desarrollo.

Afortunadamente, la ciencia nos brinda herramientas para combatir éste síndrome de la indefensión aprendida y nos ayuda de manera certera a restaurar el sentido de control y empoderamiento en nuestras vidas.

¿Qué es la Escala de Indefensión Aprendida?

En la década de 1970, Martin Seligman y su equipo de investigadores junto al Dr. Steven F. Maier de la Universidad de Colorado, desarrollaron una escala específica para medir la indefensión aprendida como una herramienta para evaluar el grado en que una persona experimenta la sensación de falta de control y la creencia de que sus acciones no tienen impacto en su entorno.

Los experimentos se realizaron en la Universidad de Pensilvania desde la década de 1960, y utilizó perros como sujetos de estudio en contextos de laboratorio. Luego con seres humanos en el ámbito de la psicología siempre bajo el contexto de la ética y el respeto por los derechos humanos, limitando la realización de estudios que puedan causar daño psicológico a las personas.

Aunque, la "Escala de Indefensión Aprendida" ha sido ampliamente validada y utilizada en investigaciones y prácticas clínicas para comprender cómo las experiencias pasadas pueden influir en las actitudes y comportamientos actuales de una persona.

Es importante tener en cuenta que ninguna escala es una medida absoluta y definitiva de un fenómeno psicológico; es solo una herramienta de evaluación, ya que las puntuaciones en la escala deben interpretarse junto con otros datos clínicos y contextuales, y las respuestas pueden variar según el contexto y las experiencias individuales.

La escala, altamente flexible, generalmente consta de una serie de declaraciones a las cuales los individuos deben responder indicando en qué medida están de acuerdo o en desacuerdo.

Las respuestas se califican en una escala de tipo Likert, desarrollada por Rensis Likert en la década de 1930. La escala utiliza valores numéricos para cuantificar las respuestas de los participantes a las declaraciones o afirmaciones presentadas. Los valores numéricos más frecuentes en una escala típica de Likert generalmente van desde 1 hasta 5 o 7, aunque las escalas más largas pueden ir hasta 9 o 10.

Cada valor numérico se asocia con una opción de respuesta que indica el nivel de acuerdo o desacuerdo del participante con la afirmación. El puntaje total en la escala se obtiene sumando o promediando las respuestas a las declaraciones. Sin embargo, el valor numérico de los puntajes no tiene un significado absoluto en términos de valores específicos, ya que los resultados pueden variar según el diseño de la escala y el enfoque de evaluación.

La interpretación de los puntajes se basa en comparaciones relativas, como el rango de puntuación obtenido y al comparar con otras personas o grupos de referencia.

La escala no se basa en una ecuación o estadística específica, sino en la evaluación de creencias y percepciones subjetivas individuales. Sin embargo, es importante interpretar sus resultados con precaución, considerando su naturaleza subjetiva y complementandose con otras fuentes de información y métodos de investigación para obtener una imagen más completa y precisa de la realidad.

Existen otros métodos opcionales o adicionales que pueden complementar los estudios que utilizan la Escala de Likert en experimentos sociales o psicológicos y proporcionan una imagen más completa de los constructos estudiados. Estos son:

- ❖ Entrevistas cualitativas que permiten a los participantes explicar y contextualizar sus respuestas.

- ❖ Observación y medición del comportamiento real en situaciones relevantes adversas, proporciona una visión objetiva de las actitudes y opiniones que se midieron en la escala y traducidas en acciones concretas en la vida real.

- ❖ Se observa si las personas que han experimentado indefensión aprendida muestran una mayor tendencia a no actuar o a rendirse ante desafíos.

- ❖ Estudios longitudinales de seguimientos a lo largo del tiempo que puedan revelar cambios en las actitudes y opiniones de los participantes.

- ❖ Análisis para identificar patrones en las respuestas y comprender cómo se relacionan con el contenido específico.

- ❖ Medición y observación de respuestas fisiológicas como la frecuencia cardíaca, la actividad cerebral a través de la resonancia magnética funcional o las respuestas de la piel, puede proporcionar datos objetivos que complementen las respuestas subjetivas de la escala, para comprender si hay diferencias en comparación con individuos que no han experimentado indefensión.

- ❖ Medición de hormonas de estrés, para medir los niveles de hormonas, como el cortisol e identificar posibles cambios en la respuesta hormonal en situaciones estresantes.

- ❖ Medición de comportamiento en línea, el análisis de comportamiento en plataformas digitales, por ejemplo, las interacciones en redes sociales, pueden proporcionar datos adicionales sobre las actitudes y el comportamiento de los participantes.

- La realización de grupos de enfoque que permitan discusiones profundas sobre los temas abordados en la escala, esto ayudará a identificar patrones y matices que no se capturan solo con respuestas numéricas.

- Medición de habilidades de afrontamiento, para medir las estrategias de afrontamiento que las personas emplean para enfrentar situaciones adversas. Esto puede proporcionar información sobre cómo las personas que han experimentado indefensión aprendida manejan el estrés.

- Medición de autoeficacia, para evaluar si las personas que han experimentado indefensión aprendida tienen una percepción disminuida de su propia capacidad para influir en situaciones.

- Estudios de resiliencia, para evaluar la capacidad de las personas para recuperarse de la indefensión aprendida. Estos estudios examinan cómo ciertos factores, como el apoyo social o las experiencias positivas, pueden influir en la capacidad de una persona para superar la indefensión.

- La combinación de métodos cuantitativos y cualitativos puede proporcionar una comprensión más profunda de la indefensión aprendida, permitiendo una exploración más completa de sus causas, efectos y formas de superación.

Por lo tanto, la superación de las taras causadas por la indefensión aprendida es un proceso complejo que para abordarla de manera efectiva debe ser personalizada, y puede requerir una combinación de factores que aborden tanto las creencias cognitivas como las respuestas emocionales, incluidas la resiliencia y la voluntad personal, y también necesitar el apoyo de profesionales calificados de la salud mental, con estrategias terapéuticas y un entorno de apoyo conveniente.

A continuación presentamos algunas estrategias específicas que te pueden favorecer a la hora de enfrentar las situaciones que desencadenan la indefensión y superarlas:

La reevaluación cognitiva

El primer paso para superar la indefensión aprendida es desafiar y reemplazar los pensamientos negativos, autodestructivos y limitantes con creencias y afirmaciones realistas y positivas que fomenten la autodeterminación y la esperanza. Los profesionales llaman a este proceso Terapia Cognitivo-Conductual (TCC), desarrollada por el psiquiatra Aaron Beck de la Universidad de Pensilvania a finales de la década de los 70, y que puede incluir técnicas de exposición para enfrentar gradualmente las situaciones que desencadenan la indefensión.

En complemento a la anterior, también está la Terapia de Aceptación y Compromiso (TAC), que se enfoca en aceptar las emociones y pensamientos difíciles en lugar de evitarlos. Ayuda a las personas a desarrollar una mayor flexibilidad mental y emocional, lo que puede ser útil para superar la indefensión aprendida y desarrollar una mentalidad más orientada hacia los valores y objetivos personales.

El afrontamiento activo

En lugar de evitar los desafíos, debemos enfrentarlos de manera proactiva para romper el ciclo de la indefensión. Fomentar la toma de decisiones y la acción en lugar de la pasividad ayuda a recuperar el sentido de control. Así como, afrontar activamente los desafíos y enfrentarlos con resiliencia, es decir, adaptándose y recuperándose después de enfrentar situaciones difíciles.

A medida que experimentamos pequeños éxitos y resolvemos esas taras de comportamiento, nuestra percepción de control y comprensión se fortalece, al igual que nuestro bienestar emocional.

Todo esto fortalece nuestra voluntad personal que también desempeña un papel crucial, ya que la decisión consciente de enfrentar los desafíos y buscar la recuperación es un paso fundamental.

Hábitos saludables

Incluye hábitos saludables como hacer ejercicio regularmente, tener una dieta equilibrada, cumplir con las horas de sueño adecuado y practicar técnicas de manejo del estrés como la meditación de atención plena.

Estas rutinas también contribuyen significativamente en mejorar la salud física y emocional, lo que a su vez puede fortalecer la resiliencia y recuperación ante situaciones de indefensión.

La autoeficacia incremental

Es importante fomentar la autoeficacia, y creer en nuestra propia capacidad para lograr objetivos, es crucial. Empezar con metas pequeñas y alcanzables reconstruye nuestra capacidad fundamental para recuperar la confianza en nuestras habilidades, y mejorar nuestras destrezas.

El apoyo social

La conexión con amigos, familiares y seres queridos, o profesionales, puede brindarte perspectivas externas y fomentar el desarrollo de estrategias efectivas, fundamentales para la recuperación de la autoconfianza y la percepción de control, e incluso demostrarte que no eres el único que ha sufrido éste síndrome.

Tener un sistema de apoyo confiable te proporciona un soporte poderoso que contrarresta la sensación de aislamiento que acompaña a la indefensión aprendida, además de brindarte un sentido de pertenencia, seguridad y validación emocional.

El desglose de tareas

Frente a desafíos abrumadores, es conveniente dividirlos en tareas más pequeñas y manejables, lo cual puede reducir la sensación de indefensión. Cada pequeño logro contundente construye confianza, empodera y socava la creencia sobre desafíos insuperables.

Cada individuo es único, por lo que es importante adaptar el enfoque de recuperación a las necesidades y circunstancias de cada persona.

Enlace del vídeo "¿Cómo sobreponerse a la Indefensión Aprendida con resiliencia y voluntad?"
https://youtu.be/XOu5qGNshlI

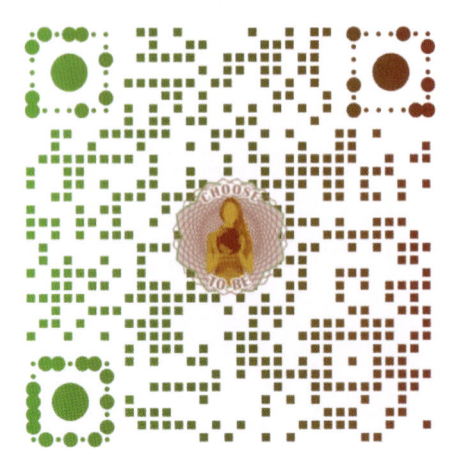

CHOOSE TO BE

Indefensión aprendida: Crucigrama

Horizontal

MEDICIÓN DE AUTOEFICACIA (22 letras). Evaluar si las personas tienen una percepción disminuida de su propia capacidad para influir en situaciones.

APOYO SOCIAL (11 letras). Brindar un sentido de pertenencia, seguridad y validación emocional.

AFRONTAMIENTO ACTIVO (19 letras). Adaptándose y recuperándose después de enfrentar situaciones desafiantes.

EXPERIENCIAS TRAUMÁTICAS (23 letras). Uno de los factores que pueden originar la indefensión aprendida.

Vertical

INDEFENSIÓN APRENDIDA (20 letras). Se refiere a un estado mental en el cual una persona cree que no tiene control o influencia sobre su entorno.

RESILIENCIA (11 letras). Capacidad de sobreponerse a las adversidades.

VOLUNTAD (8 letras). Actitud de no darse por vencido/a ante las dificultades.

AUTOEFICACIA (12 letras). Sentimiento de control sobre la propia vida.

SALUD MENTAL Y EMOCIONAL (21 letras). La indefensión aprendida tiene profundas implicaciones.

ESCALA INDEFENSIÓN APRENDIDA (26 letras). Herramienta para evaluar el grado en que una persona experimenta la sensación de falta de control y la creencia de que sus acciones no tienen impacto.

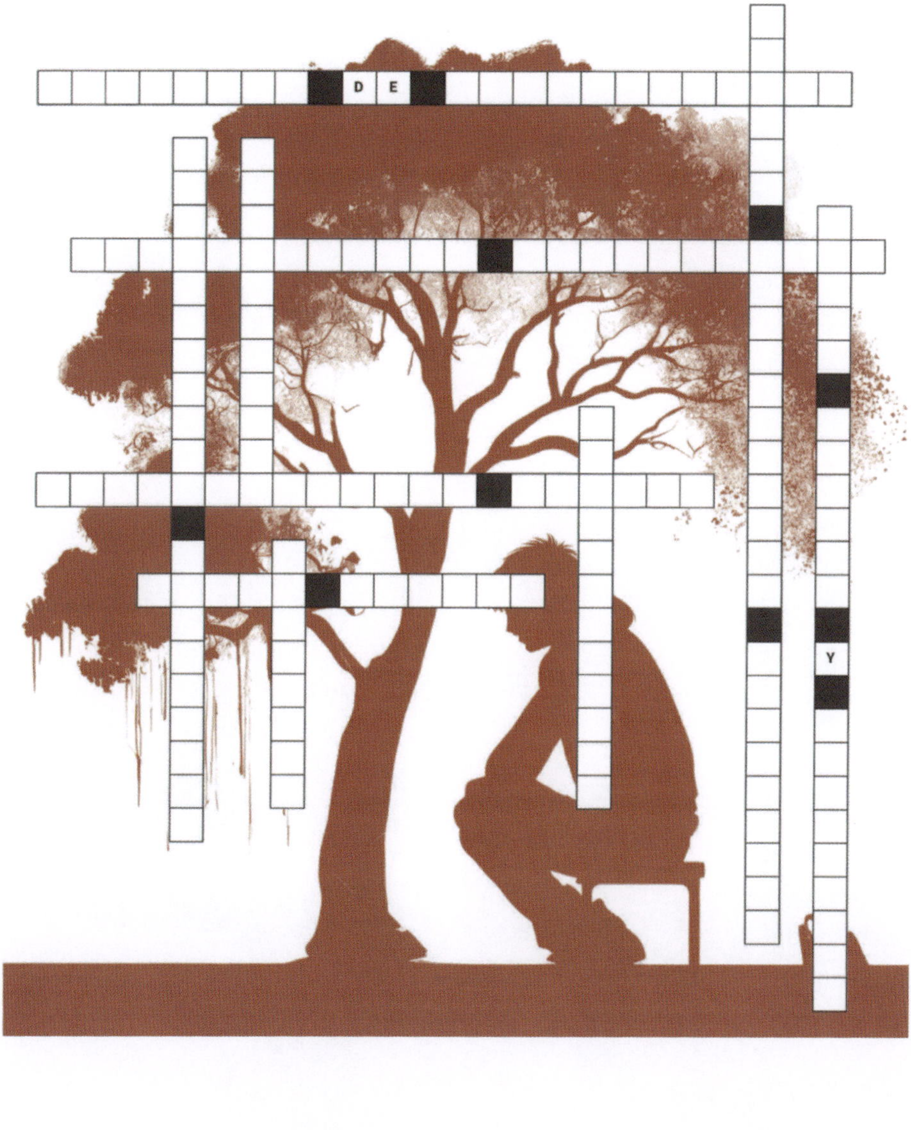
D E
Y

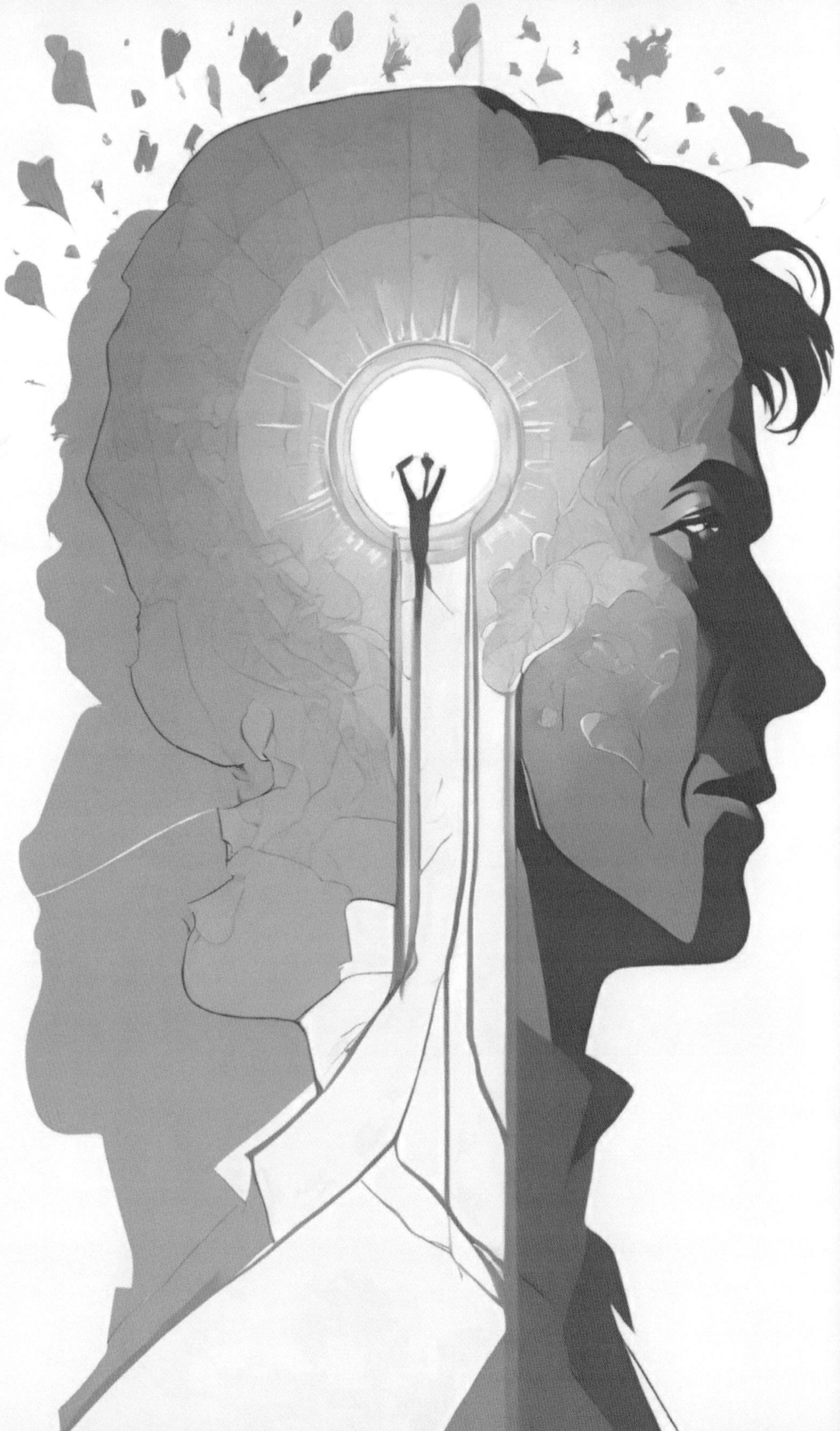

Capítulo 10

Desarrollando tu inteligencia emocional

La inteligencia emocional, o la capacidad de identificar, comprender y regular las emociones propias y ajenas, es una habilidad cada vez más valorada en el ámbito laboral y personal, y un componente clave del éxito en la vida. Afortunadamente, no se trata de una habilidad innata, sino que puede desarrollarse con práctica y perseverancia.

De acuerdo con lo indicado por Enric Corbera: "Detrás de toda emoción lo que hay es una creencia". El mapa de la conciencia, que conocerás en el capítulo 12 de este libro, puede ayudarte a identificar tus emociones, enseñarte a comprenderlas, y a mejorar tus decisiones y acciones, a identificar tus niveles de energía y vibración en cada caso.

Aquí te presentamos algunos consejos prácticos para mejorar tu inteligencia emocional:

Aprende a identificar tus emociones

El primer paso para desarrollar tu inteligencia emocional es aprender a identificar las emociones que experimentamos en cada momento. A menudo, las emociones pueden ser confusas y contradictorias, por lo que es importante que te tomes el tiempo para detenerte, respirar profundamente, y reflexionar sobre lo que estás sintiendo, y tomar conciencia de tus propias emociones.

Presta mucha atención a cómo te sientes en diferentes situaciones y trata de identificar los desencadenantes que te hacen sentir esas emociones. Nombrarlas es útil. Esto te puede ayudar a comprenderlas y reconocerlas mejor, y a manejarlas de manera más efectiva, incluso si estas son negativas. Tratar de reprimir tus emociones solo provocará que se hagan más fuertes.

Aprende a controlar tus emociones

Una vez que hayas aprendido a identificar tus emociones, el siguiente paso es aprender a controlarlas. Esto no significa que debas suprimirlas o reprimirlas, como te recomendamos antes, sino que debes encontrar maneras saludables de expresarlas.

Si te sientes triste, abrumado, estresado, no hay nada de malo en buscar apoyo emocional cuando lo necesitas. Puedes hablar con alguien de confianza, amigo, mentor, o terapeuta de confianza, o incluso considerar unirse a un grupo de apoyo o comunidad, o hacer una actividad que te guste, escribir en un diario, hacer un hobby, practicar la meditación o el yoga. Por otra parte, evita las formas no saludables de expresar tus emociones, como beber alcohol, usar drogas, asumir conductas autodestructivas o participar en malos comportamientos.

Práctica la empatía

La empatía es la capacidad de ponerse en la piel de otra persona y entender su perspectiva, sentimientos y emociones. Practicar la empatía es muy útil para mejorar tus habilidades de comunicación y relaciones interpersonales. Intenta ponerla en práctica en tu día a día, escuchando a los demás con atención y trata de comprender su punto de vista.

Aprende a comunicarte efectivamente

La comunicación efectiva es un componente vital de una buena inteligencia emocional. Expresarte claramente y escuchar activamente a los demás te permitirá crear relaciones más fuertes y a evitar malentendidos. Esto te hará una persona asertiva, directa y respetuosa. Así, para lograr una comunicación efectiva, es importante que te expreses de forma clara y concisa, y evitar el uso de palabras o expresiones negativas que puedan generar conflicto. Además, presta atención al lenguaje no verbal, como el tono de voz y la postura corporal, ya que también pueden influir en la forma en que te comunicas con los demás.

Por otra parte, debes practicar decir No, saber establecer límites y saber pedir lo que de verdad quieres y necesitas.

Desarrolla habilidades sociales

Las habilidades sociales son esenciales para mejorar tu inteligencia emocional. Esto implica aprender a trabajar en equipo, colaborar y resolver conflictos de manera efectiva. También, puedes buscar oportunidades para interactuar con los demás manteniendo una actitud positiva, participar en actividades de grupo y trabajar en proyectos en equipo, practicar la gratitud y pasar tiempo con personas positivas que te inspiren. También puedes tomar cursos de liderazgo, trabajo en equipo o comunicación para mejorar tus habilidades sociales y ser más efectivo en tu vida laboral y personal.

Práctica la autoreflexión

La autoreflexión es una herramienta valiosa para el crecimiento personal. Tómate el tiempo cada día para reflexionar sobre tus sentimientos, pensamientos y acciones, y trata de identificar patrones o comportamientos negativos que puedas cambiar, aprende de tus errores, todos sin excepción, los cometemos. Lo importante es aprender de ellos y seguir adelante. La autoreflexión también te permite celebrar tus éxitos y reconocer tus logros, lo que a su vez puede aumentar tu autoestima y confianza en ti mismo.

Cuida tu salud física

Es bien conocida la máxima que reza: "Pensamientos recurrentes, manifestaciones físicas". Asimismo, cuando cuidas tu salud física, también estás cuidando tu salud emocional. Asegúrate de comer una dieta saludable, dormir lo suficiente y hacer ejercicio de forma regular.

En resumen, el desarrollo de la inteligencia emocional se trata de aprender a identificar y controlar tus emociones, practicar la empatía, comunicarte efectivamente, desarrollar habilidades sociales, practicar la autoreflexión y buscar apoyo emocional cuando lo necesites. Si trabajas de forma constante en el desarrollo de estas habilidades, puedes mejorar significativamente tu inteligencia emocional y tener una vida más plena, equilibrada, satisfactoria y feliz.

Enlace del vídeo "Desarrollando tu inteligencia emocional con consejos prácticos"
https://youtu.be/ZvphcI4IDPA

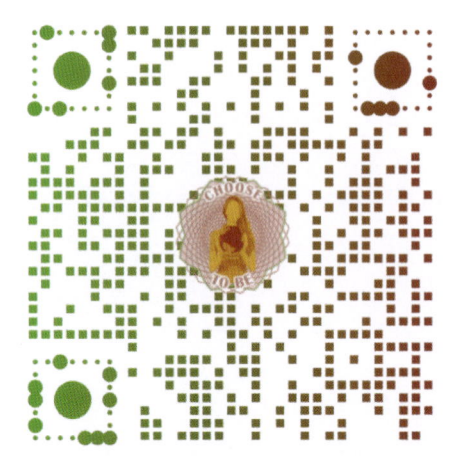

Inteligencia emocional: Selección

Preguntas	Afirmaciones
¿Qué es la inteligencia emocional?	Detrás de toda emoción lo que hay es una creencia.
¿Por qué practicar la autoreflexión?	Comunicación efectiva
¿Unas de las forma rápida de identificar tus emociones es?	A mejorar tus decisiones, acciones, identificar tus niveles de energía y vibración.
Luego, de identificar tus emociones el siguiente paso, ¿Cual es?	Capacidad de identificar, comprender y regular las emociones.
Enric Corbera sostiene, ¿Que?	Empatía
¿A que te puede ayudar el Mapa de Conciencia?	Reflexionar sobre lo que estás sintiendo
Entender las perspectiva, sentimientos, emociones y escuchar con atención, ¿Es practicar?	Controlar tus emociones
Te hará una persona asertiva, directa y respetuosa.	Identificar patrones o comportamientos negativos que puedas cambiar.

INDICAR CON UNA FLECHA LA RESPUESTA CORRECTA, DONDE CORRESPONDA, A LAS PREGUNTAS EN LAS CASILLAS DE LA COLUMNA IZQUIERDA HACIA LAS AFIRMACIONES DE LAS CASILLAS EN LA COLUMNA DERECHA.

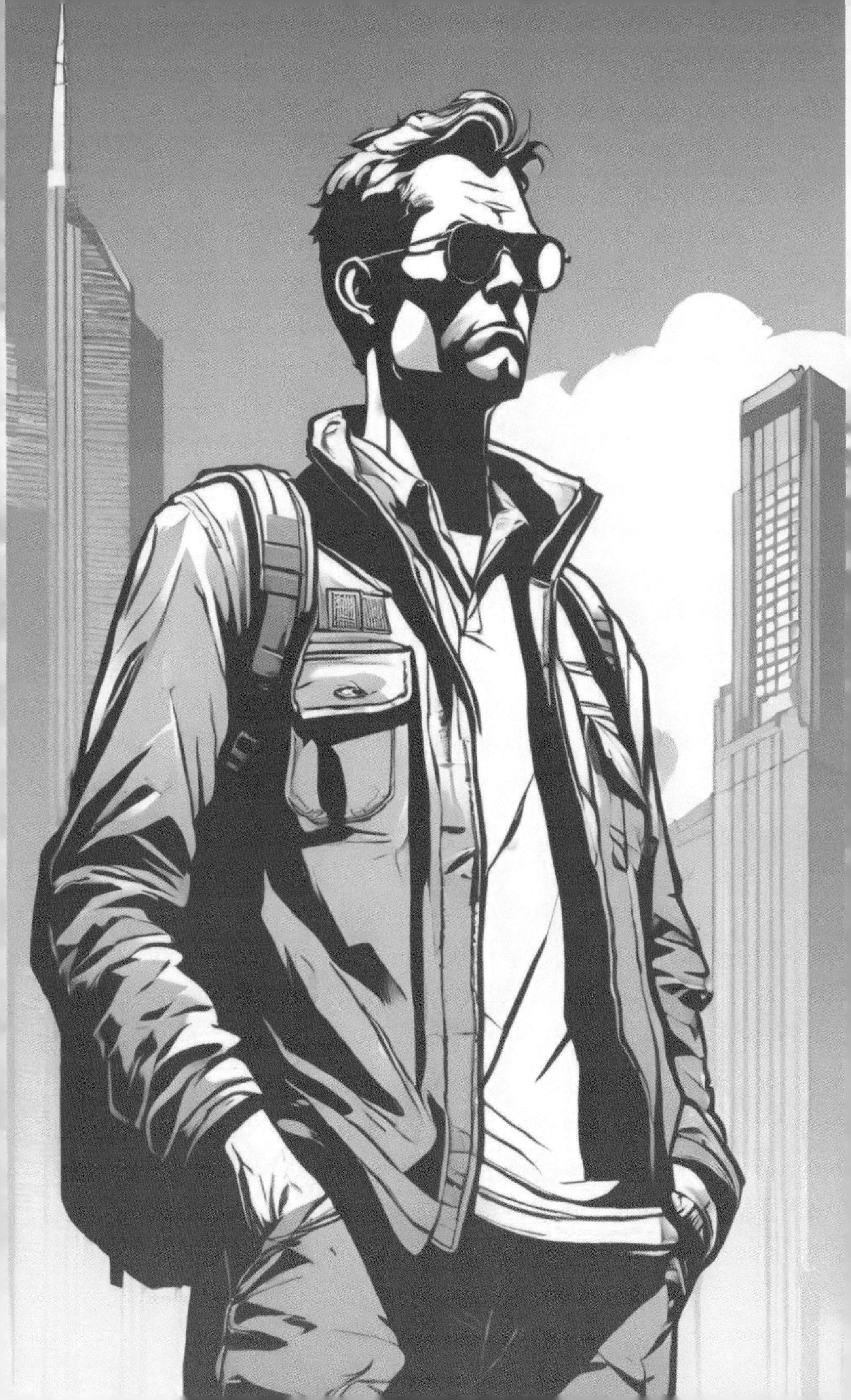

Capítulo 11

¿Modelar tu idiosincrasia y ser un ciudadano internacional es posible?

La idiosincrasia es un término que se refiere, en grandes rasgos, a las características o peculiaridades propias de un individuo, o de un grupo de personas. Estas características están determinadas por diversos factores, entre ellos, el más impactante la cultura.

La idiosincrasia y la cultura están estrechamente relacionadas, porque la cultura influye en la formación de la idiosincrasia de una persona o de una comunidad.

A continuación, te revelaremos la relación entre la idiosincrasia y el cómo la cultura puede moldear el carácter de las personas. Analizaremos las ventajas y desventajas de esta simbiosis, así como los posibles modos de mejorar el perfil personal frente a las circunstancias que nos rodean.

La idiosincrasia, la podemos conceptualizar como las características distintivas de una persona o grupo que los diferencia de los demás. Estas características pueden incluir: rasgos de personalidad, actitudes, valores, creencias y comportamientos particulares.

La idiosincrasia es moldeada por diversos factores, siendo la cultura uno de los más influyentes. Asimismo, la cultura es un conjunto de conocimientos, creencias, valores y costumbres compartidos por un grupo de personas que, por lo general, ocupan una región geográfica o país.

Por lo tanto, la cultura influye en la formación de la idiosincrasia de las personas, ya que establece los parámetros y normas sociales que guían el comportamiento y las formas de pensar de una comunidad. Reflejando su esencia, desarrollo y contribuyendo a la preservación de su identidad única, para fortalecer sus lazos sociales y fomentar su sentido de pertenencia como grupo.

No obstante, cada individuo también puede tener características particulares que enriquecen la cultura general, siendo parte, o no, de su propia cultura.

Así, la diversidad de idiosincrasias en una sociedad puede impulsar la creatividad y la innovación, ya que diferentes perspectivas y enfoques se combinan para generar nuevas ideas. Sin embargo, surgen riesgos cuando el desarrollo cultural alcanza una idiosincrasia excesivamente arraigada, que fomenta la resistencia al cambio e impide la adaptación a realidades o conceptos novedosos y mejorados.

La identificación excesiva bajo una idiosincrasia puede llevar a la formación de estereotipos y prejuicios, y puede resultar en la exclusión de minorías que no encajan en los patrones de la cultura dominante. Lo que, finalmente puede desencadenar en lo que se denomina "Choque o Batalla Cultural", un tema que desarrollaremos en otra oportunidad.

El desarrollo cultural tiene como su referente a la cultura universal, y es así como, a nivel mundial, se han creado instituciones u organismos que estudian la idiosincrasia de los diferentes países.

A continuación, nombraremos algunos:

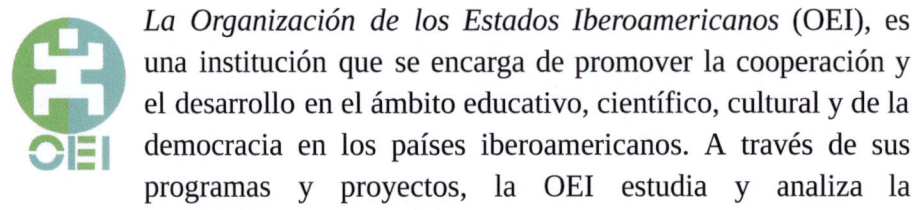

La Organización de los Estados Iberoamericanos (OEI), es una institución que se encarga de promover la cooperación y el desarrollo en el ámbito educativo, científico, cultural y de la democracia en los países iberoamericanos. A través de sus programas y proyectos, la OEI estudia y analiza la idiosincrasia de los países de la región.

La Organización de las Naciones Unidas para la Educación, la Ciencia y la Cultura, (UNESCO), es una agencia especializada de la Organización de Naciones Unidas (ONU), que tiene como objetivo promover la paz, la justicia, el desarrollo sostenible y la diversidad cultural. A través de sus programas y proyectos, la UNESCO estudia y promueve la preservación y valoración de la idiosincrasia de los países a nivel mundial.

Al fenómeno de la idiosincrasia se le ha intentado medir o calificar bajo diversas ópticas del contexto y de enfoque para su estudio. Ahora bien, aquí te presentamos algunos indicadores que se han propuesto en diferentes investigaciones:

Indicadores de capital cultural, son indicadores que se centran en medir los elementos culturales que influyen en la formación de la idiosincrasia de una comunidad. Pueden incluir aspectos como las tradiciones, costumbres, valores, creencias y prácticas culturales.

Indicadores de identidad cultural, se enfocan en medir los elementos que conforman la identidad cultural de una comunidad, y pueden incluir aspectos como el idioma, la historia, la música, la gastronomía y las festividades propias de una cultura.

Indicadores de arraigo o sentido de pertenencia, éstos buscan medir el grado de conexión emocional y afectiva que las personas tienen hacia su cultura y comunidad. Pueden incluir aspectos como el apego al lugar de origen, el sentimiento de pertenencia a un grupo y la valoración de las tradiciones y costumbres propias.

No obstante, hay que tener en cuenta que estos son solo algunos ejemplos de indicadores y que pueden existir otros enfoques y categorías de medición para la idiosincrasia.

La cultura material, se refiere a los artefactos y objetos físicos creados por una cultura o sociedad determinada. Mediante el análisis de estos artefactos, los arqueólogos y antropólogos pueden conocer mejor las creencias, valores y prácticas de un determinado grupo de personas. Por ejemplo, el estudio de los artefactos del antiguo Egipto ha revelado mucho sobre las creencias y prácticas religiosas de esa antigua civilización. Desde las pirámides y los templos hasta los jeroglíficos y las momias, cada artefacto proporciona una visión de la idiosincrasia única de aquella cultura.

Indagando sobre la idiosincrasia se puede arrojar luz sobre las estructuras sociales y políticas de una sociedad concreta. Analizando las formas en que las personas interactúan entre sí y con el mundo que las rodea, los antropólogos y arqueólogos pueden obtener información sobre la dinámica de poder y las relaciones sociales que existen en una cultura.

La relación entre la idiosincrasia, la antropología y la arqueología es compleja. Al estudiar las características y comportamientos de las distintas sociedades y culturas, los antropólogos y arqueólogos pueden comprender mejor la experiencia humana y las formas en que hemos evolucionado a lo largo del tiempo.

Es por esto que la dinámica entre el carácter de un país y su progreso es intrincada y diversa. Establecer correlaciones directas y concluyentes entre estos dos conceptos es fundamental para determinar la importancia de ser civilizado.

Aquí, algunos factores claves a tener en cuenta:

La idiosincrasia de una sociedad influye en el desarrollo de un país. Por ejemplo, una cultura que valore la educación, el trabajo duro y la innovación puede fomentar el desarrollo económico y social de cualquier país. Aunque, la idiosincrasia por sí sola no determina el total desarrollo, ya que también intervienen otros factores como la influencia política externa, la economía, la geografía, entre otros. Por otra parte, la idiosincrasia de un país no se puede generalizar completamente hoy en día.

Cada país dentro de su propia extensión territorial puede tener diferentes realidades culturales, sociales y económicas. Sin embargo, los países con niveles de vida más homogéneos y elevados se encuentran dentro del concierto de naciones del "primer mundo".

El desarrollo de una sociedad está fuertemente ligado al nivel de conciencia de sus individuos. Comprendiendo que la conciencia individual se refiere a la conciencia de los propios pensamientos, sentimientos y acciones, así como de su impacto en el mundo que nos rodea.

Los individuos con una conciencia elevada tienen más probabilidades de tomar decisiones responsables y actuar de forma que beneficie a la comunidad, porque comprenden mejor las consecuencias de sus actos. Por lo tanto, cuanto mayor es la conciencia individual de una persona, mayor es el nivel de desarrollo cultural de la sociedad a la cual pertenece, lo cual, eventualmente, gesta la conciencia colectiva de sus miembros y, a su vez, conduce al desarrollo de una sociedad más sostenible, equitativa y próspera.

Por el contrario, cuando los individuos carecen de conciencia, tienden a ser más egocéntricos, menos racionales e inteligentes, y menos conscientes del impacto de sus acciones.

Esto, por lo general, conduce a la creación de problemas sociales como la pobreza, la desigualdad y la degradación medioambiental. Es crucial promover el crecimiento de la conciencia individual, basada en los valores de la cultura universal, como medio para desarrollar una idiosincrasia más avanzada. La educación, el pensamiento crítico y las prácticas de atención plena pueden contribuir a aumentar la conciencia y fomentar un mayor sentido de la responsabilidad hacia la comunidad.

Para convertirse en un ciudadano internacional o universal, y poder adaptarse a diferentes contextos culturales sin verse influenciado en exceso por una sola cultura, es importante valorar y celebrar la diversidad cultural en su conjunto, ten en cuenta estos consejos:

Primero, *asume una educación intercultural* y aprende sobre diferentes culturas, tradiciones, costumbres, historia y valores de diversas partes del mundo. Esto te ayudará a comprender y apreciar las diferencias culturales, así como a desarrollar una mente abierta que te ayudará a ampliar tu conocimiento y comprensión de la diversidad cultural.

Segundo, *sé flexible y abierto al cambio*. Aprende a adaptarte a diferentes entornos y situaciones sin perder tu identidad. La capacidad de ajustarse y encontrar formas de relacionarse con personas de diferentes culturas es esencial para ser un ciudadano internacional.

Tercero, *mejora tus habilidades de comunicación intercultural*, incluyendo la escucha activa, el respeto por las diferencias y la capacidad de expresar tus ideas de manera clara y respetuosa. Esto te ayudará a establecer conexiones significativas con personas de diversas culturas.

Cuarto, *viajar y vivir en el extranjero*, te ayudará a explorar diferentes países y culturas y experiencias de vida. Esto te permitirá sumergirte en diferentes entornos culturales y aprender de primera mano sobre las costumbres, tradiciones y formas de vida de otras personas.

Quinto, *mantén una mentalidad abierta*, evita los prejuicios y estereotipos culturales. En lugar de juzgar o generalizar, trata de comprender las perspectivas y valores de los demás. Acepta las diferencias y sé receptivo a nuevas ideas y formas de hacer las cosas.

Sexto, *podrías participar en actividades y eventos que promuevan la diversidad cultural*, la integración y el intercambio. Esto puede incluir festivales, exposiciones, conferencias y grupos de intercambio cultural. Estas experiencias te brindarán la oportunidad de interactuar con personas de diferentes culturas y aumentar tu comprensión.

¡Recuerda! Ser ciudadano internacional no significa renunciar a tu propia identidad, sino más bien ampliar tu perspectiva, conocimientos y capacidad de adaptación, una oportunidad que te permitirá desarrollar una identidad única y auténtica.

La clave está en mantener una actitud respetuosa y abierta hacia las diferencias culturales, y en lugar de tratar de asumir una sola cultura, puedes adoptar elementos de diversas culturas que resuenen contigo. Puedes tomar inspiración de diferentes tradiciones, prácticas culinarias, estilos de música, arte y filosofías de vida, con sentido común y perspectivas positivas.

Identifica los valores universales que trascienden las culturas, como el respeto, la honradez, la tolerancia, la empatía y la justicia. Estos valores son compartidos por muchas culturas alrededor del mundo y pueden servir como guía en tu forma de pensar y actuar.

No olvides que la identidad cultural es un proceso en constante evolución y no es necesario limitarse a una sola cultura, mientras te permites ser auténtico y encontrar tu propio camino en el mundo multicultural en el que vivimos.

A continuación te compartimos un plus, te proporcionamos un cuadro comparativo de características de las diferentes culturas y su nivel en la escala de desarrollo que va desde el 1 al 5:

Así, tenemos a las *culturas de origen africano*, en el mundo además de África tenemos las diversidad de las variantes afrocaribeñas, *cuyas ventajas* son: (1)Tener un fuerte sentido comunitario y de solidaridad, (2)Ricas tradiciones folclóricas, (3)Una arraigada conexión con la naturaleza y el entorno, y (4)Su predominante valoración de la música y la danza. *Entre sus desventajas*: (1)Existen estereotipos que despiertan prejuicios negativos, distinguidos por la falta de educación, antivalores, comportamientos antisociales y violentos, (2)Poco desarrolladas en el aspecto socioeconómico,(3)Limitadas en el aprovechamiento de los recursos y oportunidades, y (4)Su dificultad en la preservación del orden. **En la escala de desarrollo, promedian por debajo de los 3.5 puntos.**

Las culturas originarias del Medio Oriente, entre sus *ventajas* están: (1)Presentar un marcado sentido de la hospitalidad y la generosidad, (2)Tienen una rica historia y patrimonio cultural, culinario y artístico, (3)Fuertes y arraigados valores familiares y comunitarios. *Entre las desventajas* que presentan las culturas originarias del Medio Oriente, al igual que ocurre con las africanas, es que (1)Presentan estereotipos que generan prejuicios negativos, debido principalmente a los conflictos políticos, sociales y los extremismos religiosos. Asimismo, (2)Algunos aspectos de la vida cotidiana debido a las restricciones en cuanto a algunos derechos humanos fundamentales como son, por ejemplo, la igualdad de género. **En la escala de desarrollo, promedian los 3.7 puntos.**

Las culturas occidentales, son los referentes de la cultura universal y lo que se denomina primer mundo. *Entre sus ventajas están*: (1)El acceso a infraestructura y servicios desarrollados, oportunidades educativas y profesionales, (2)Énfasis en la individualidad y la autonomía personal, (3)La influencia global en la cultura, la tecnología y los medios de comunicación. Algunas de sus *desventajas pueden ser*: (1)Un presunto individualismo excesivo y la falta de sentido comunitario, (2)Una vida rápida y agitada inserta en el consumismo y estrés asociado al mismo, (3)Los desafíos que se presentan en el equilibrio trabajo-vida y (4)Una posible falta de conexión con la naturaleza. *En la escala de desarrollo, promedian sobre los 4.7 puntos*

Es conveniente aclarar que la escala numérica de este cuadro comparativo representa una estimación general de las ventajas y desventajas de cada cultura mencionada. Recuerda que estas características pueden variar ampliamente según el contexto y las experiencias dentro de cada una, y sus variantes.

Finalmente, es importante tener en cuenta que el desarrollo cultural y la superación de las limitaciones debido a la idiosincrasia no ocurren de la noche a la mañana. Se requiere un esfuerzo continuo, tanto a nivel individual como colectivo, para promover los valores de la cultura universal en la sociedad.

Enlace del vídeo "Modelar tu idiosincrasia y ser un ciudadano internacional ES POSIBLE?" https://youtu.be/RaDVn7JJBvY

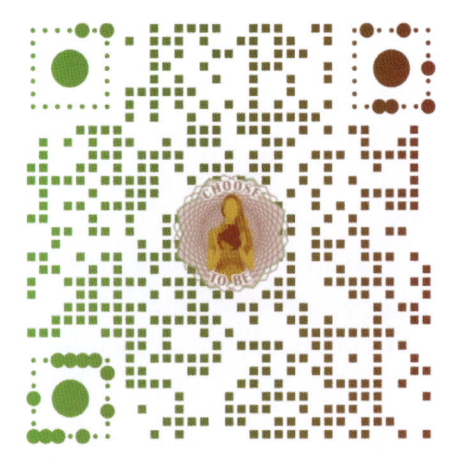

La idiosincrasia: Mapa de selección

EL JUEGO AQUÍ CONSISTIRÁ EN RELLENAR EL MAPA, CON EL COLOR QUE CORRESPONDA AL ORIGEN CULTURAL DE CADA REGIÓN O PAÍS.

RELLENA CON UN COLOR DE TU PREFERENCIA EN CADA CÍRCULO DE LOS ICONOS QUE REPRESENTAN CADA CULTURA Y LUEGO, CON ESOS MISMOS COLORES, COLOREA LAS ZONAS EN EL MAPA DONDE ESAS CULTURAS SON MÁS PREDOMINANTES EN EL MUNDO .

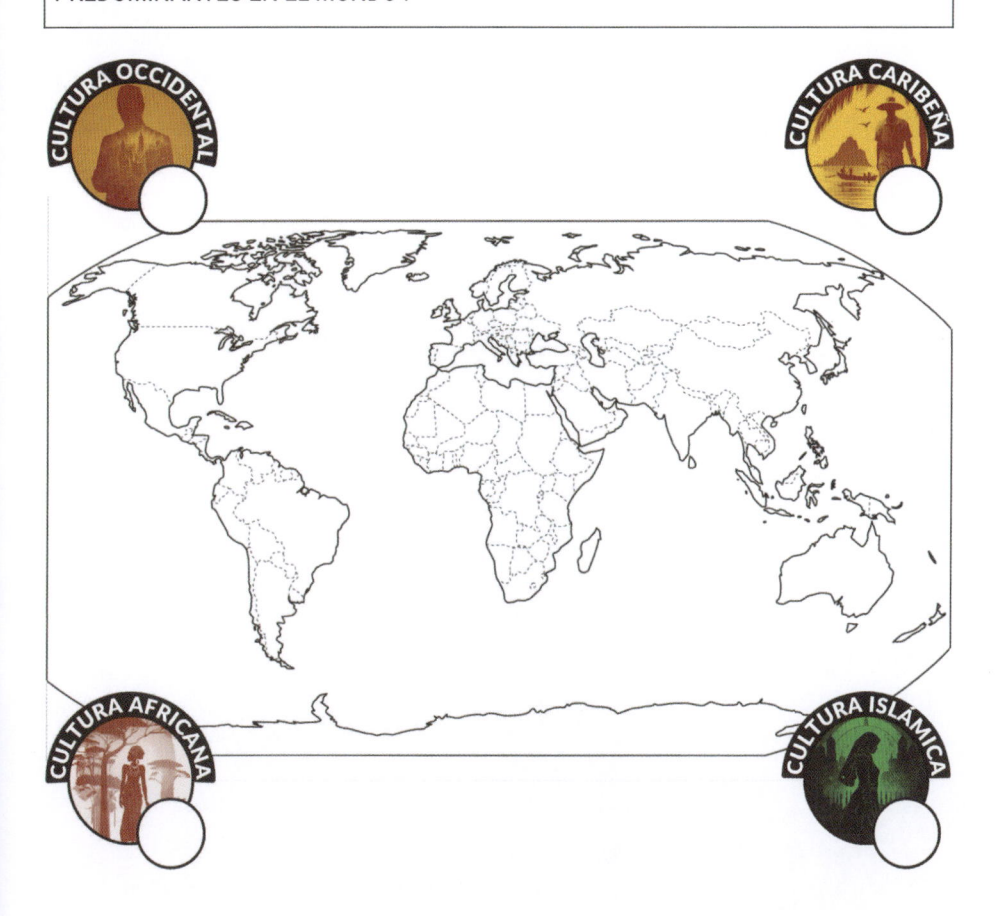

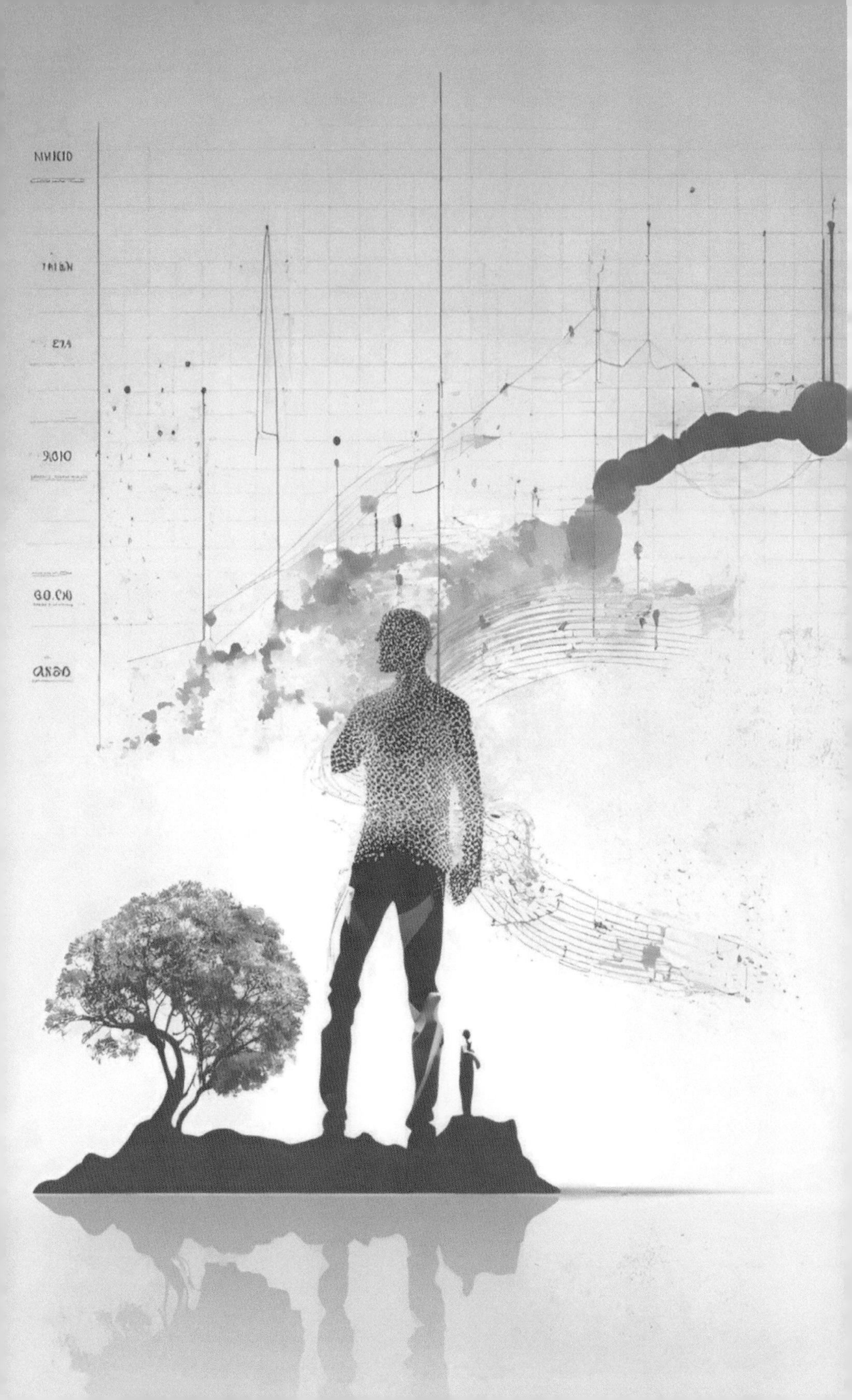

Capítulo 12

¿Cómo utilizar el mapa de conciencia para mejorar tu bienestar emocional?

El autor del libro "El Poder Contra la Fuerza" nos entrega esta hermosa y muy correcta reflexión:

"Cambiamos el mundo no por lo que decimos o hacemos, sino como consecuencia de lo que nos hemos convertido"

Dr. David Ramón Hawkins.

David Ramón Hawkins, nació el 3 de junio de 1927 en Milwaukee, Wisconsin, EE.UU, zona cercana al lago Michigan.

Entre sus familiares más cercanos te podemos mencionar a:

Su madre *Arismery,* que pertenecía a la clase alta y presentó muchas enfermedades a lo largo de su vida. Su padre, *Ramón,* era un conservador que trabajaba en el negocio de la gestión de gasolineras. Sus hermanas, *Saricleer,* dos años menor que David, muy extrovertida, y su otra hermana, *Barbara Caserin* que murió en 1955.

Además, su esposa, *Susan J. Hawkins;* su hijastra, *Sarah J. Humphrey (Josh Spradling)* y nieta, *Evren L. Spradling.*

David falleció el *19 de septiembre de 2012 a los 85 años en Sedona, Arizona, EE.UU,* donde estuvo residenciado por 33 años.

A continuación, te listamos los libros de su autoría y que te puede interesar su lectura:

"Poder Contra la Fuerza" año de publicación 1995, traducido a 25 idiomas, con más de un millón de copias vendidas y que fue elogiado por la Madre Teresa y Sam Walton.

"El ojo del yo"; "Yo: Realidad y Subjetividad"; "Verdad Vs. Falsedad"; "Trascendiendo los Niveles de Conciencia: La Escalera a la Iluminación"; "Descubrimiento de la Presencia de Dios: No dualidad devocional"; "Realidad, Espiritualidad y Hombre Moderno"; "Curación y Recuperación"; "Por el Camino a la Iluminación"; "Disolviendo el Ego"; "Realizar el Ser"; "Dejar Ir: El Camino de la Entrega"; "El Éxito es Para Ti"; "El Libro de Diapositivas" y "La Explicación del Mapa de la Conciencia".

Ahora bien, te queremos compartir nuestra visión de, *¿Cuál fue el conflicto o situaciones que este autor experimentó en su vida?*

David nos cuenta en sus libros que, sus primeras inspiraciones ocurrieron en *sus primeros años de vida,* donde experimentó experiencias personales que luego logró complementar con los procesos de realización subjetiva.

A los *3 años de edad* experimentó un despertar instantáneo de la inconsciencia a la percepción consciente del ser por sí mismo.

A los *9 años de edad,* se enfrentó solo a una noche de invierno, con tempestad de nieve, fuertes vientos y temperaturas de 20 grados bajo cero. Para sobrevivir, construyó una madriguera en donde se refugió y donde pronto comenzó a sentir calor y un estado de paz indescriptible acompañado de una difusión de luz y una presencia de amor infinita e indistinguible de su esencia, es decir, se encontraba inconsciente de su cuerpo y del entorno, por lo que su conciencia se fusionó con ese estado iluminado omnipresente. Su mente se silenció, sus pensamientos se suspendieron, entonces experimentó una infinita presencia, que estaba más allá del tiempo y las palabras. Volvió a la conciencia cuando su padre ansioso sacudió su rodilla, y él decidió volver a su cuerpo por amor a su padre.

Sin embargo, pudo en ese momento hacerse consciente de lo absurdo del concepto de muerte. Pues esa luz de divinidad que lo había bañado le permitió *descubrir su espiritualidad.*

David describe que a sus *12 años* usaba gafas y se ocupaba de leer a Platón, tenía como unos de sus valores poner la otra mejilla, es decir, no era combativo. Por lo que fue un niño acosado y además recibió muchos golpes.

Aproximadamente a los *16 años de edad* en la Segunda Guerra Mundial, lo asignaron a un dragaminas, y aquí pudo comprobar que ya no le temía a la muerte, es decir, la muerte para él perdió autenticidad.

Entre sus *18 y 25 años* aproximadamente, realizó sus estudios de psiquiatría con el objetivo de aliviar el dolor y la angustia humana, y a sus *29 años de edad* ya era una persona exitosa y trabajaba como Director Médico del Centro de Salud Mental de North Nassau.

A sus *38 años* padecía una enfermedad progresiva y fatal la cual no respondía a los tratamientos disponibles de la época, David confesó que sintió que estaba a punto de morir y que su espíritu estaba en un estado de angustia y desesperación extremas.

Entonces, comenzó a sentir que llegaba su momento final, un pensamiento pasó por su mente, *¿Qué tal que si hubiera un Dios?* Y comenzó a orar, "Si hay un Dios, le pido que me ayude ahora". David indica que se entregó a lo que Dios fuera, y se quedó inconsciente. Cuando despertó, había tomado lugar una transformación y quedó mudo de asombro. El describe en el libro que experimentó lo siguiente:

No había ego, tan solo la Presencia Infinita de ese poder ilimitado.

Esta Presencia Infinita había reemplazado su "yo", cuerpo y controlaba sus acciones y voluntad.

El mundo estaba iluminado por una claridad de una Unicidad Infinita, la cual expresaba por sí misma todas las cosas reveladas en su belleza y perfección inmensurables.

Una quietud que duró nueve meses, curiosamente el periodo que dura la gestación de un feto humano.

En este estado, *no había necesidad de pensar nada.*

Toda la verdad era auto-evidente, no era posible ni necesaria ninguna conceptualización.

Su sistema nervioso lo sentía abrumado, el nivel de energía que experimentaba en su cuerpo parecía afectar sus límites corporales, lo sobrepasaba.

David también presentó *limitaciones para desenvolverse en el día a día, experimentó miedo y ansiedad, no tenía motivación, la energía que lo envolvía le hacía sentir que todo estaba perfecto, que no tenía más nada que buscar o alcanzar, que la fama, el éxito y el dinero habían perdido todo significado para él.*

Sin embargo, tal como él relata en sus libros, lo mejor que le paso cuando experimentó este estado fue que:

Descubrió que podía percibir la realidad que estaba por debajo de las personalidades, pudo ver como el origen de las Enfermedades Emocionales está en las creencias de las personas, que derivan en sus personalidades.

¿Qué hizo para buscar sanar sus conflictos?

Luego que David experimentó este estado de Presencia Infinita, volvió a atender a sus pacientes y de repente la cantidad de paciente fue aumentando, llegando a recibir 1000 pacientes nuevos anualmente. A sus *46 años* realizó un informe sobre el trabajo que hizo en el libro Psiquiatría Ortomolecular.

Lentamente la condición de sus nervios fue mejorando y entonces comenzó a sentir una franja de energía que fluía frecuentemente desde su espina dorsal hasta su cerebro, lo que le creaba una sensación continua de placer.

Además, él decía que en este momento de su vida todas las cosas ocurrían en perfecta armonía y sincronización. *Y concluyó que el origen de lo que en el mundo se conocía como milagros era la Presencia.* En este estado, su Yo mayor más profundo era el que determinaba todo lo que sucedía. Todo en el mundo a David le parecía iluminado, hermoso y esplendoroso, pero las personas alrededor de él no se daban cuenta de esto, lucían dormidas y no querían despertar a la percepción de quienes eran realmente.

Él conocía que este estado de Presencia había sido experimentado por otras personas, por lo que emprendió una investigación de las enseñanzas espirituales, incluyendo Budas, Huang Po, Ramona Maharshi y Nisargadatta Maharaja. De repente experimentó el mismo éxtasis descrito por Sri Ramakrishna y los santos cristianos.

En este estado que David describió como de *enamoramiento por todo el mundo*, él volvió a tener experiencias similares a las de su niñez, con la diferencia que le era más difícil retornar a su entorno cotidiano de vida. Él sostiene en sus libros que solo podía ver belleza en todo ya que este amor espiritual dirigía sus percepciones, logrando desaparecer el aquí o ahora, el allá o entonces y el otro y yo.

David indica que pasó años en un total silencio interior y la Presencia creció en él. Las personas experimentaban una paz frente a la Presencia, y encontraban respuestas de ellos mismos a través de él.

David dice que lo que sucedía era que siempre que tenía contacto visual con otra persona, su propio brillo lo veía en los ojos de la persona y él se preguntaba *¿Cómo logré entrar en sus cuerpos?* Entonces, David sostiene que en ese momento de su vida comenzaron a suceder milagros, muchas de sus enfermedades crónicas que él padeció por años desaparecieron, recuperó su visión de forma espontánea, sintió algunas veces una energía exquisita y gloriosa que él definió como amor infinito que salía desde su corazón en momentos de situaciones de calamidad.

Cuando él fue logrando desaparecer su limitado y falso yo y verdaderamente entrar dentro de su propio Yo universal, es decir, su propio origen, pudo experimentar una sensación que él definió *como el regreso a casa,* que es un estado de paz absoluta y alivio de todo sufrimiento. Por lo que David concluye que: "*Cuándo nos damos cuenta que la individualidad es una ilusión, que somos el universo, que uno es total y que estamos desde siempre y hasta el final unido con todo lo que existe. Entonces, no hay sufrimiento.*"

El mapa de conciencia

El impactante libro "El Poder Contra la Fuerza", el cual ha sido traducido a 25 idiomas y que ha vendido más de un millón de copias, es el libro bestseller creado por el Dr. David R. Hawkins donde se presenta el mapa de conciencia, el cual es propuesto por el autor como una herramienta que nos puede ayudar a comprender y mejorar nuestro bienestar emocional.

En este mapa se jerarquizan las emociones humanas, considerando una escala de vibración energética que va desde las energías de baja vibración hasta las energías de alta vibración. Si estás en búsqueda de mejorar tu proceso de toma de decisiones y las acciones que llevas a cabo en tu día a día, es importante que aprendas a comprender y gestionar tus emociones.

Ahora bien, en primer lugar queremos darle respuesta a la siguiente pregunta, *¿Qué propuso y comprobó el autor en el libro "El Poder contra la Fuerza"?*

El autor propuso el mapa o tabla de conciencia, estableciendo con ello un marco científico de los niveles de la evolución espiritual, niveles ya conocidos en las escrituras sagradas y por los santos, sabios y místicos.

David usó la kinesiología como herramienta para calibrar el nivel de conexión entre dos universos: el físico, el de la mente y el espíritu.

Su trabajo consistió específicamente en realizar pruebas a lo largo de 20 años a diferentes personas, observando que ante la no verdad la estimulación muscular se debilita y ante la verdad la estimulación musculares se fortalece, lo que indicó que hay una ley universal que diferencia la verdad versus la falsedad en la materia. Las personas que habían evolucionado espiritualmente no se debilitaban porque operaban desde la verdad, lo cual refleja que el estado de energía corporal se manifiesta según la persona esté operando desde la verdad o la falsedad.

Además, él pudo observar que el mundo y la historia cambiaban cada vez que se reemplaza el amor por el desamor o miedo.

Esto nos lleva a la segunda pregunta, *¿Cómo esta propuesta de autor la podemos aplicar a nuestra vida?*

David nos comparte, *¿Cómo utilizar la presencia para sanar?* Y es sencillo, la Presencia, la cual se puede definir como Dios, nos ayuda a desarrollar nuestra capacidad de amar y ser compasivo. Entonces cuando somos capaces de entregar amor a las personas que sufren, es cuando se logra hacer brillar su yo interior, conectándonos con su esencia que es amor, es decir, que ellos logren reconocer quienes realmente son.

Esta conexión la podemos comprobar a través de los ojos de las personas. La sanación contempla terminar con la agonía interna y dolor de las personas. Y en muchos casos, las personas pueden experimentar una sanación en su cuerpo físico.

¿Esto por qué sucede? David explica que la Presencia nos dota de una paz interna que es capaz de envolvernos a todos, y que esta paz trasciende el tiempo y nuestra identidad.

Por lo que se debe dejar de culpar a Dios por nuestros dolores y sufrimientos, ya que estos surgen de nuestro ego.

Y la última pregunta que nos planteamos responder es**,** ¿Qué podemos solucionar con esta tabla de la conciencia?

La tabla o mapa de conciencia, trata de darnos una referencia para establecer el avance en el desarrollo espiritual o de transformación de los seres humanos. El mapa establece unos rangos expresados en números que resultan de operaciones logarítmicas, los cuales representan el nivel de energía que tenemos en nuestro cuerpo, utilizando para esto la kinesiología. Si miramos la tabla o mapa de conciencia, observamos que está considera:

Visión de Dios y Visión de la vida, esto se refiere a lo que creemos nosotros de Dios, lo que Dios significa para nosotros. Si creemos que Dios es nuestro padre y que, como padre, nos ama, nos cuida, protege y respeta, es decir, reconocemos nuestro *Poder* como hijo de Dios, entonces fluiremos en la vida.

Pero, si por el contrario creemos en un Dios que es castigador, que está a la espera de que nosotros pequemos para castigarnos, y recordarnos que somos pecadores, entonces tendremos miedo de nuestro padre o simplemente nos sentimos huérfanos o desheredado. Por lo que nos posicionamos en la *Fuerza*, y entendemos que tendremos que esforzarnos para conseguir lo que requerimos y deseamos en esta vida. Precisamente es aquí donde se nos entrega o hacemos uso de nuestro libre albedrío.

Nivel y Logaritmos, aquí se identifican los 17 niveles de energía que podemos manifestar en nuestro cuerpo y los valores logarítmicos que arrojaron los estudios realizados por Doctor David.

Emoción y Proceso, estos están asociados con lo que sentimos en cada una de las etapas de nuestro proceso de transformación.

En resumen nosotros consideramos que este mapa de conciencia puede ser comprendido por cada uno de nosotros partiendo de dos criterios; el primero es filosófico y el segundo es científico.

El criterio filosófico consiste *en identificar tus creencias,* este es un trabajo muy personal y exige que seamos honestos y sinceros con nosotros mismo, para identificar exactamente lo que creemos de Dios. Una vez que definimos, *¿Cuál es nuestra visión o creencia de Dios?* Entonces, podremos comprender y reconocer en qué etapa de nuestro proceso de transformación y evolución nos encontramos.

El criterio científico requiere *realizarnos la prueba de kinesiología.* Se recomienda usar el método desarrollado por el Doctor John Diamond en su libro, "Kinesiología de la Conducta". Los resultados de esta prueba te darán un número, el cual te permitirá ubicar tu nivel de conciencia en la tabla y con ello calibrar tu energía o nivel de conciencia.

¡Sí! Identificas que tienes un nivel bajo de vibración emocional, trabaja en elevar tu vibración emocional practicando regularmente:

Hazte responsable de tu evolución espiritual, consiste en iniciar el proceso de redención de la mente ante el alma.

La meditación, porque te ayudará a reducir el estrés y aumentar tu estado de paz y bienestar.

Haz una actividad física que disfrute, porque cuando haces ejercicios, tu cuerpo libera endorfinas, lo que te hace sentir bien y bajar tus niveles de estrés.

Práctica la gratitud, significa enfocarse en las cosas buenas de tu vida y agradecer, lo que te ayuda a enfocarte en lo positivo.

Haz actividades que te gusten, cuando encuentres cosas que te hagan sentir bien contigo mismo, te sentirás feliz y satisfecho.

Conéctate con la naturaleza, pasa tiempo en contacto con la naturaleza, esto te ayuda a bajar los niveles de estrés.

Aprende algo nuevo, te ayudará a sentirte más seguro y satisfecho.

Práctica el autocuidado, cuida de ti físicamente y emocionalmente. Puede ser que tomes tiempos para relajarte, tomar un baño relajante, leer un libro, escuchar música o ver un documental, hacer algo que te haga sentir bien.

Enlace del vídeo "¿Quién fue el autor del mapa de la conciencia?"
https://youtu.be/dwevOnI93wY

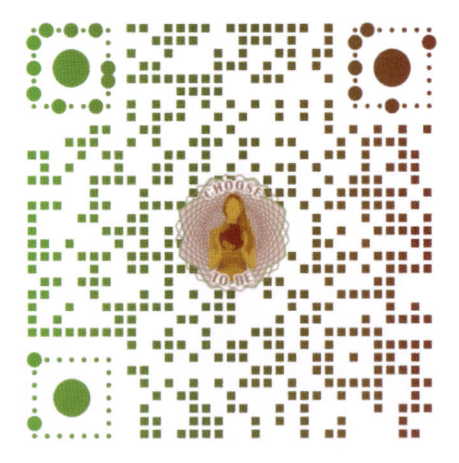

Enlace del vídeo "¿Cómo utilizar el mapa de la conciencia para mejorar tu bienestar emocional?"
https://youtu.be/t0hg7OqxdGo

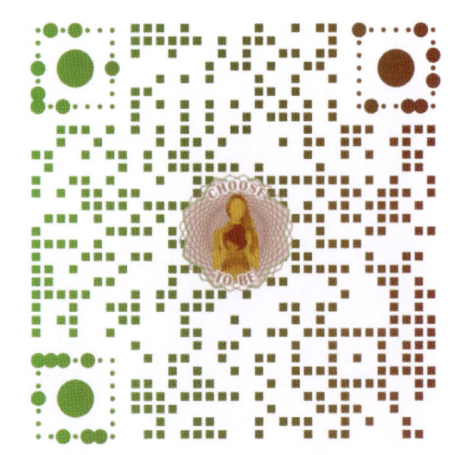

Mapa de la conciencia: Pasapalabra

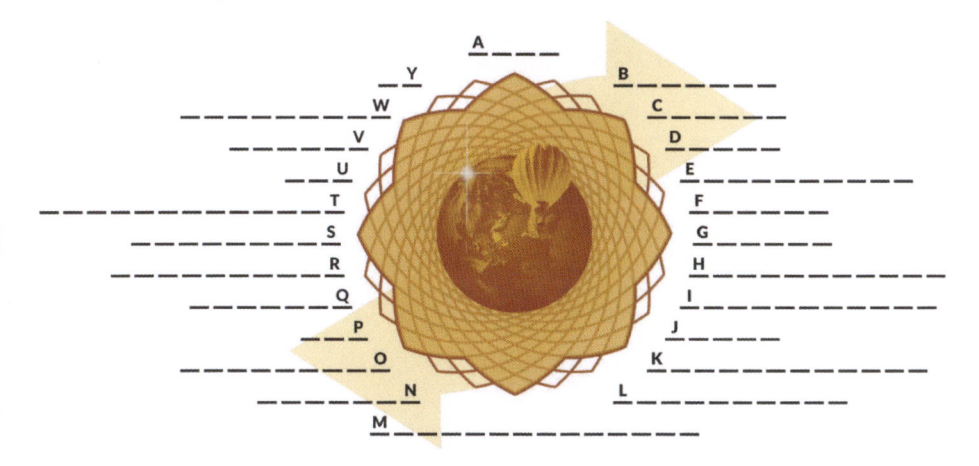

A. En este nivel se colocan todos nuestros talentos al servicio del corazón, piensa en la Madre Teresa.	**L.** Proceso que se experimenta en el nivel de neutralidad, donde se ubican los trabajadores autónomos.
B. Es la visión de la vida que las personas alcanzan cuando están en el nivel de Amor.	**M.** Es la visión de Dios que tienen las personas que alcanzan el nivel de aceptación, es decir, perdón.
C. Comienzas a interesarte en el desarrollo personal y profesional.	**N.** En la tabla de conciencia se identifican 17 y para cada uno se establecen valores logarítmicos.
D. Nivel de adicción, aprobación, poder fama, es puro materialismo y consumismo.	**O.** Es el adjetivo opuesto de pesimista.
E. Es un adjetivo que describe una actitud humana de alta energía, su adjetivo opuesto es materialista.	**P.** Nivel de conciencia donde la visión de vida es perfecta.
F. Corresponde al campo de niveles energéticos bajos, es decir bajo estado de conciencia.	**Q.** Un estado que el Dr David experimentó durante nueve meses, luego de su experiencia con la Presencia Infinita.
G. Adjetivo opuesto a rudo.	**R.** Proceso que se experimenta cuando alcanzamos el nivel del amor.
H. Es la emoción de más baja energía que se presenta en el mapa de conciencia.	**S.** Emoción que se experimenta cuando alcanzamos el nivel de alegría o felicidad.
I. Nivel de la unicidad, este nivel calibran los grandes avatares de nuestra historia a quienes se les atribuye el nombre de Señor: Krishna, Buda y Jesuscristo.	**T.** Proceso que ocurre cuando alcanzamos el nivel de aceptación.
	U. Es la visión de Dios en el nivel de Alegría..
J. Un adjetivo que utilizamos para describir a Dios.	**V.** Contra falsedad.
K. Método utilizado para la comprobación de respuestas musculares a ciertos estímulos, amenazas, verdad y falsedad.	**W.** Es el nombre del pueblo donde nació el Dr. David Ramón Hawkins en USA, pueblo cercano al lago Michigan.
	Y. Nuestro verdadero origen o Ser.

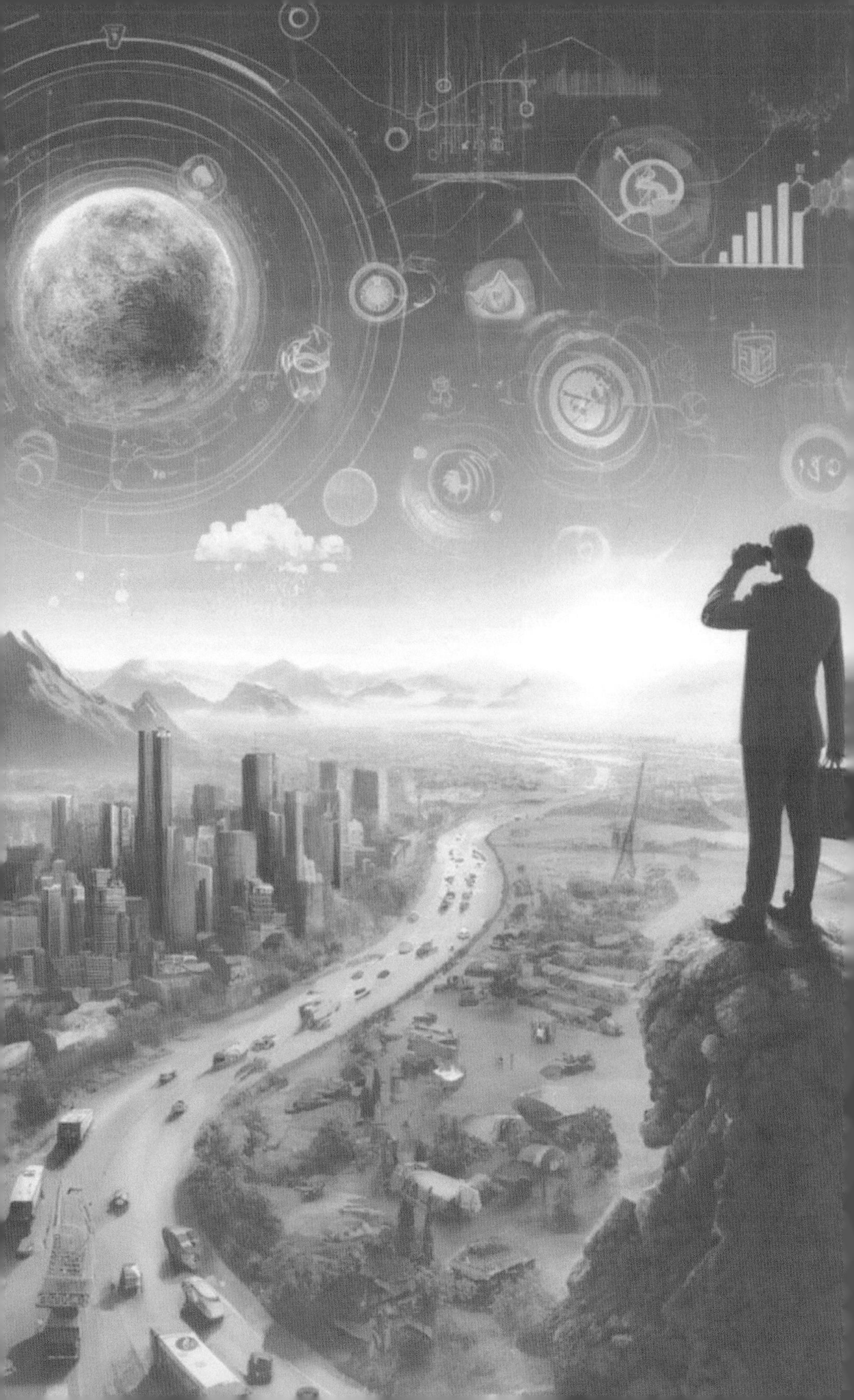

Capítulo 13

La importancia de la conciencia situacional para comprender la realidad

La conciencia situacional emerge como un concepto intrigante y multidimensional. Fusiona elementos esenciales de la experiencia humana relacionados con el espacio, el tiempo y la interacción entre lo real y lo imaginario.

Esta intersección profunda y compleja ha capturado la atención de los científicos, profesionales de la psicología y de las ciencias cognitivas, ofreciendo un prisma a través del cual explorar cómo los individuos perciben, interpretan y reaccionan a su entorno.

Acompáñanos a indagar en la esencia de la conciencia situacional, descifrando sus elementos y su influencia en la mente humana.

La conciencia situacional se refiere, en grandes rasgos, a la capacidad humana de comprender y responder al contexto en el que se encuentran los individuos. Este contexto comprende dos dimensiones intrínsecamente interconectadas, como son, el espacio físico y el tiempo.

En su esencia más fundamental, la conciencia situacional implica la percepción y el entendimiento del entorno que rodea a una persona en un momento dado. La riqueza de esta conciencia radica en su habilidad para guiar las decisiones, las acciones y las respuestas emocionales en relación con el entorno inmediato.

En este sentido, la dimensión espacial en la conciencia situacional abarca la percepción y la interpretación del espacio físico. Desde la percepción sensorial de los objetos y su estructura hasta la comprensión subjetiva de la proximidad y la distancia, esta dimensión influye en cómo nos relacionamos con el mundo que nos rodea.

El espacio físico se convierte en un lienzo en el que se proyectan nuestras acciones y emociones, determinando cómo nos movemos, interactuamos y le damos significado a nuestro entorno.

La dimensión temporal en la conciencia situacional implica una comprensión de la relación entre eventos pasados, presentes y futuros. Esta dimensión se manifiesta tanto en la percepción del tiempo cronológico como en la experiencia subjetiva del tiempo. Las personas internalizan el tiempo de manera única, influyendo en su percepción de la urgencia, la planificación y la apreciación de los momentos. Esta dimensión temporal también puede generar anticipación, recuerdos y la capacidad de proyectar posibles escenarios futuros.

Dentro de la conciencia situacional, se produce un diálogo constante entre elementos reales e imaginarios.

Los elementos reales abarcan las experiencias tangibles y observables, mientras que los elementos imaginarios se refieren a la construcción subjetiva de escenarios y posibilidades que pueden o no materializarse. Esta tensión creativa es una característica inherente de la mente humana y puede influir en cómo se toman las decisiones y se procesan las emociones.

La conciencia situacional es una construcción compleja que abarca varios elementos interrelacionados que permiten a una persona comprender y responder efectivamente a su entorno.

Algunos de estos elementos son:

La percepción sensorial

A través de los sentidos, como la vista, el oído y el tacto, podemos recopilar información sobre el entorno, los objetos, las personas y los eventos que nos rodean. La percepción sensorial proporciona datos críticos que forman la base de la comprensión situacional.

La atención selectiva

Es esencial para nosotros filtrar y seleccionar información relevante del entorno. Una persona debe dirigir su atención hacia los elementos más importantes o amenazantes en un momento dado. La atención selectiva permite enfocarse en los detalles cruciales mientras se ignora el ruido o la información menos relevante.

Comprensión e interpretación

Comprender y dar sentido a la información recopilada es un componente clave de la conciencia situacional. Esto implica conectar los datos sensoriales con el conocimiento previo y las experiencias pasadas para formar una representación coherente de la situación actual, y que permita identificar relaciones, patrones y tendencias.

Anticipación y predicción

La conciencia situacional también involucra la capacidad de anticipar cómo se desarrollarán los eventos en el futuro cercano. Esto implica proyectar posibles escenarios y consecuencias basadas en la información disponible. La anticipación nos permite una preparación adecuada y decisiones proactivas.

La memoria de trabajo

Es esencial mantener la información relevante y los detalles críticos en la mente para tomar decisiones informadas mientras se realiza una tarea y a medida que la situación evoluciona.

El estado emocional

Las emociones también desempeñan un papel en la conciencia situacional. El estado emocional puede influir en cómo percibimos y procesamos la información. Las emociones intensas pueden afectar la toma de decisiones y la percepción misma de la situación. Mantener un estado emocional equilibrado es crucial para tener una conciencia situacional efectiva.

Conexiones contextuales

La conciencia situacional se desarrolla dentro de un contexto más amplio que supone comprender cómo la situación actual se relaciona con eventos pasados y futuros, así como con el entorno más amplio y sus implicaciones.

La conciencia situacional no solo es un simple concepto teórico, sino una herramienta valiosa en diversas disciplinas. *En psicología*, sirve para comprender cómo los individuos interactúan con su entorno, toman decisiones, y para evaluar y mejorar su rendimiento en situaciones dinámicas y desafiantes. *En la aviación*, es esencial para los pilotos que deben mantenerse conscientes de múltiples variables mientras operan una aeronave. *En la medicina*, los profesionales de la salud deben mantener una conciencia situacional precisa para tomar decisiones informadas en entornos clínicos cambiantes. *En materia militar*, en seguridad y gestión de emergencias, la conciencia situacional es esencial para evaluar riesgos y reacciones en situaciones de alta presión. Además, en el *diseño industrial y de laboratorios*, se considera para mejorar la interacción entre el personal, la ergonomía, la seguridad y su ambiente.

Por otra parte, varios académicos reconocidos han abordado el tema de la conciencia situacional desde diversas perspectivas, contribuyendo a su definición y explorando su utilidad en diferentes campos.

A continuación, te presentamos algunos de sus aportes:

La Dra. Mica R. Endsley, ex Científica Jefe de la Fuerza Aérea de los Estados Unidos, es considerada una experta en el campo de la conciencia situacional y la ingeniería cognitiva. Ha realizado investigaciones extensas sobre el tema, además del desarrollo de interfaces de operador para tecnologías avanzadas, experiencia del usuario, usabilidad, interacción entre humanos y autonomía.

Endsley resalta la importancia de la conciencia situacional en la toma de decisiones y la actuación efectiva en situaciones cambiantes y desafiantes.

El Dr. Gary Klein es otro experto en el área de la toma de decisiones y la conciencia situacional. Ha desarrollado modelos cognitivos para explicar cómo las personas procesan y utilizan la información en situaciones de alta carga cognitiva.

Estos modelos han sido fundamentales para comprender cómo se desarrolla la conciencia situacional y cómo se pueden mejorar las habilidades de toma de decisiones en entornos complejos, han tenido un impacto significativo en campos como la medicina y la aviación, donde la conciencia situacional es crucial para la seguridad y el alto rendimiento. También sus hallazgos han contribuido al desarrollo de entrenamientos y protocolos para mejorar la toma de decisiones en contextos difíciles.

Según Klein, la conciencia situacional se refiere a "Saber lo que está pasando a tu alrededor, entender cómo las cosas están cambiando y poder anticipar lo que sucederá después".

John Flach y Fred Voorhorst en su trabajo "Cognitive Science and Situational Awareness" (Ciencia Cognitiva y Conciencia Situacional), exploran la conciencia situacional desde una perspectiva de la ciencia cognitiva.

Definen la conciencia situacional como "El conocimiento actual de una situación relevante y su futura evolución", destacando su papel en la percepción, la atención y la memoria.

La medición de la conciencia situacional es un desafío debido a su naturaleza subjetiva y compleja. Dado que involucra elementos cognitivos, emocionales y perceptuales, no hay hasta ahora una forma exacta, numérica o estadística de medirla de manera definitiva. Sin embargo, se han desarrollado enfoques que buscan evaluar y cuantificar algunos de sus aspectos.

A continuación, te presentamos algunas aproximaciones utilizadas en la investigación y la práctica:

Se han diseñado cuestionarios y escalas autoinformadas para evaluar la conciencia situacional. Estas herramientas solicitan a los individuos que califiquen su nivel de percepción, comprensión y anticipación en situaciones específicas. Aunque estos cuestionarios pueden proporcionar una medida subjetiva, no capturan completamente la complejidad del fenómeno.

En entornos controlados, se pueden realizar tareas de observación para evaluar la conciencia situacional, donde los participantes son evaluados en función de su capacidad para identificar elementos clave del entorno, prever eventos futuros y mantener un estado de alerta.

Algunos estudios han explorado la correlación entre la conciencia situacional y medidas fisiológicas, como la frecuencia cardíaca y la variabilidad del ritmo cardíaco.

Además, se han utilizado tecnologías como la realidad virtual que permiten la manipulación controlada de variables para simular situaciones realistas y evaluar las respuestas de los individuos. No obstante, todavía existe el debate sobre si estos entornos reflejan con precisión la complejidad de las situaciones reales.

Estos enfoques pueden proporcionar indicadores objetivos, pero aún no constituyen una medida definitiva. Por otra parte, la conciencia situacional no es una medida total, ni directa del estado de salud mental de un individuo ni de su nivel de inteligencia.Si puede influir en cómo una persona maneja y percibe su entorno y toma decisiones, lo que a su vez, puede tener implicaciones para la salud mental y la capacidad cognitiva.

Una conciencia situacional deficiente podría estar relacionada con la falta de atención, la desconexión de la realidad o la incapacidad para comprender adecuadamente las situaciones. Estos síntomas podrían estar presentes en ciertos trastornos mentales, como el trastorno por déficit de atención e hiperactividad (TDAH) o la esquizofrenia.

Asimismo, el nivel de inteligencia, que abarca habilidades cognitivas como la resolución de problemas, el razonamiento y la capacidad de aprendizaje, no se puede determinar únicamente a través de la conciencia situacional.

Pero, una conciencia situacional aguda podría reflejar una cierta habilidad para percibir y comprender el entorno de manera efectiva, lo cual podría relacionarse con algunas habilidades cognitivas.

Enlace del vídeo "Conciencia situacional | Importancia para comprender la realidad"
https://youtu.be/uMbcNJ6S3Yg

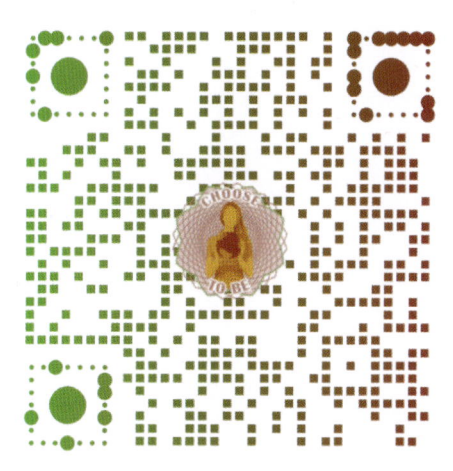

Conciencia situacional: Encuentra el objeto

HAY 5 OBJETOS EN LA IMAGEN QUE REPRESENTAN ASPECTOS IMPORTANTES DE LA CONCIENCIA SITUACIONAL,ENCUÉNTRALOS:

CORAZÓN, el estado emocional. LARGAVISTA, la capacidad de observación, anticipación y predicción. CEREBRO, la memoria de trabajo, compresión e interpretación. OJO, sentido de la vista, percepción, atención selectiva. GLOBO TERRÁQUEO, es el escenario, el espacio principal del mundo que conocemos.

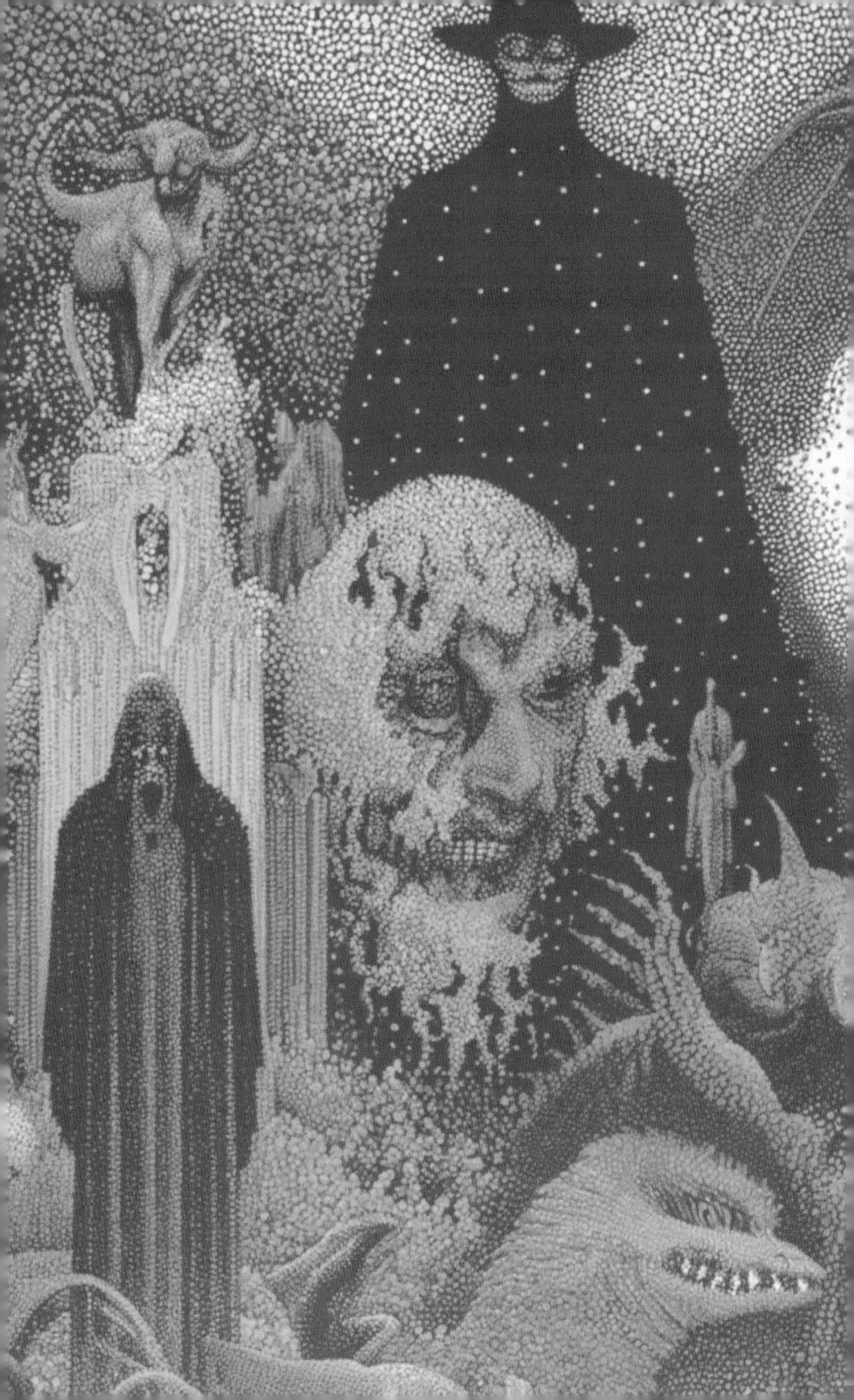

Capítulo 14

¡El miedo se puede superar!

El miedo es una emoción primaria, natural, que puede desencadenarse por diversos factores y circunstancias, y que todos experimentamos en algunos momentos de nuestras vidas.

Aunque el miedo puede ser útil para mantenernos seguros, también puede limitar nuestro potencial si no sabemos cómo superarlo.

Superar el miedo es un tema que ha sido abordado a lo largo de la historia por sabios y expertos en psicología, teología, filosofía y ciencias. Estas disciplinas han ayudado a las personas a comprender el origen del miedo, identificar sus causas y encontrar las estrategias para superarlo.

En este capítulo, discutiremos diferentes formas de abordar el miedo, así como los referentes de personajes históricos relevantes que han tratado con éxito este estado emocional.

Ahora bien, *¿Qué recomiendan los expertos?* En primer lugar, los expertos recomiendan reconocer que sentirse asustado es normal y es una emoción propia de los seres humanos. Al aceptar nuestro propio temor podemos enfrentarlo más adecuadamente y tomar las medidas para superarlo con mayor efectividad y eficacia.

Desde un punto de vista científico-psicológico, hay algunas técnicas ampliamente probadas y utilizadas por los profesionales calificados, y varias herramientas efectivas para lidiar con el miedo y los sentimientos relacionados al mismo.

Los primeros que mencionaremos son:

El Entrenamiento Respiratorio Progresivo (PRT), la Terapia Cognitivo-Conductual (TCC) o la hipnosis ericksoniana, entre otros.

El miedo es una emoción que puede ser inmediata, como cuando nos enfrentamos a una situación peligrosa, o puede ser a largo plazo, como cuando nos preocupamos por el futuro o por cosas que no podemos controlar.

Este tipo de miedo es esencial para la supervivencia, ya que nos ayuda a responder rápidamente ante el peligro y a protegernos. Por otra parte, el miedo a largo plazo suele estar relacionado con la ansiedad y la preocupación por el futuro, que no es más que sufrimiento anticipado, solo basado en expectativas negativas debido a la incertidumbre.

Este tipo de miedo puede estar causado por diversos factores, como la pérdida del trabajo, la inseguridad económica o los problemas de salud. El miedo a largo plazo puede ser la forma de miedo más difícil de controlar, ya que puede llegar a ser abrumadora y afecta a nuestra vida cotidiana, y nos impide alcanzar nuestros objetivos.

Ahora, es esencial distinguir entre el miedo inmediato y el miedo a largo plazo, y comprender sus causas, en cada caso, para gestionarlas eficazmente.

El miedo inmediato requiere una respuesta rápida e impulsiva, mientras que el miedo a largo plazo requiere un enfoque más persistente y permanente.

Los factores o iniciadores más consistentes según estudios parecen ser los siguientes: El rechazo social, la muerte y el peligro, los animales, el tratamiento médico, el estrés psiquiátrico y el miedo a lo desconocido. Según numerosos estudios, hay varios factores o desencadenantes constantes que pueden provocar ansiedad en las personas.

El rechazo social puede ser un desencadenante importante de la ansiedad, ya que puede provocar sentimientos de aislamiento y soledad. Tanto si se trata de ser excluido de un grupo social como de recibir comentarios negativos, el miedo al rechazo puede hacer que los individuos eviten por completo las situaciones sociales.

El miedo a la muerte y al peligro es otro desencadenante habitual de la ansiedad. Puede manifestarse de diversas formas, como el miedo a las alturas, a volar o incluso a estar en espacios cerrados. El miedo a la muerte también puede estar relacionado con la ansiedad por la salud, en la que los individuos se preocupan demasiado por su salud y por la posibilidad de desarrollar una enfermedad potencialmente mortal.

Los animales también pueden ser una fuente de ansiedad, sobre todo para las personas con fobias. Esto puede incluir desde el miedo a los perros hasta el miedo a las arañas o las serpientes. El miedo puede ser tan intenso que las personas pueden evitar determinados lugares o situaciones para no entrar en contacto con los animales.

El tratamiento médico también puede desencadenar ansiedad, sobre todo en personas con antecedentes de experiencias médicas traumáticas. El miedo a las agujas, a la cirugía o a la anestesia puede causar una angustia importante, que lleve a las personas a evitar por completo el tratamiento médico.

El estrés psiquiátrico es otro factor que puede contribuir a la ansiedad. Puede incluir el estrés relacionado con el trabajo, los estudios o las relaciones personales. La presión para rendir o cumplir determinadas expectativas puede hacer que las personas se sientan abrumadas y ansiosas.

Por último, el miedo a lo desconocido puede desencadenar ansiedad, ya que las personas pueden sentirse inseguras o aprensivas ante situaciones o experiencias nuevas. Esto puede incluir cualquier cosa, desde empezar un nuevo trabajo hasta viajar a un lugar nuevo.

En conclusión, la ansiedad puede desencadenarse por diversos factores, y es esencial identificar estos desencadenantes para controlar y tratar eficazmente el trastorno. Al comprender los desencadenantes más frecuentes, las personas pueden desarrollar estrategias de afrontamiento y buscar ayuda profesional para mejorar su salud mental y su bienestar.

¿EL MIEDO POR QUÉ APARECE?

DOLOR SUFRIMIENTO DEPRESIÓN	MIEDO ANSIEDAD

PASADO	PRESENTE	FUTURO
MALAS EXPERIENCIAS DE FRACASOS, MALTRATOS, PÉRDIDAS.	MALOS RECUERDOS, STRESS, SITUACIONES COMPLICADAS, FOBIAS	INCERTIDUMBRE, MUERTE, PELIGROS REALES O IMAGINARIOS.

El miedo es una emoción que todo el mundo experimenta en algún momento de su vida. Puede estar causado por una serie de cosas diferentes y manifestarse de distintas maneras. A continuación explicaremos los tres tipos de miedo: El miedo físico, el miedo social y el miedo metafísico.

El miedo físico es el miedo a sufrir daños o lesiones corporales. Este tipo de miedo suele estar arraigado en los instintos de supervivencia y puede desencadenarse por cosas como las alturas, las arañas u otras situaciones peligrosas. El miedo físico puede ser útil para mantenernos a salvo y evitarnos posibles daños.

El miedo social es el miedo al rechazo social o a la vergüenza. Este tipo de miedo suele estar arraigado en la timidez y puede desencadenarse en situaciones como hablar en público, conocer a gente nueva o simplemente estar en una habitación llena de gente. El miedo social puede ser difícil de superar, pero es importante recordar que todo el mundo lo experimenta en cierta medida.

El miedo metafísico es el miedo a lo desconocido o sobrenatural. Este tipo de miedo suele estar arraigado en creencias religiosas o espirituales y puede desencadenarse por cosas como la muerte, los fantasmas o los fenómenos sobrenaturales. El miedo metafísico puede ser difícil de superar, ya que puede basarse en creencias y emociones profundamente arraigadas.

En conclusión, el miedo es una parte natural y normal de la experiencia humana. Comprender los distintos tipos de miedo puede ayudarte a reconocer y gestionar mejor tus propios miedos. Enfrentándose a tus miedos y trabajando para superarlos, puedes llevar una vida más plena y satisfactoria.

¿Cómo prepararse para confrontar el miedo?

En primer lugar, debes aprender a naturalizar esta emoción, de lo contrario puede llegar a manipular tu vida hasta el punto de volverse un trastorno patológico. Se debe aceptar el miedo ante el peligro y entender sus más estrictas connotaciones, de esta manera serás capaz de aprender a regularlo.

Debes pensar en su principal función, ya que es un impulso determinante para defenderte de un peligro, solo tienes que valorar si cuando aparece esta sensación de miedo estás delante un peligro real o una amenaza irreal elaborada pretenciosamente por tu propia mente.

Esto puede parecer sencillo pero resulta altamente difícil de gestionar en muchas ocasiones, puesto que el miedo tiende a paralizarnos y de nada sirve tratar de racionalizarlo. Por suerte, existen terapias psicológicas que permiten incidir en los mecanismos psicológicos que instalan el miedo en tu mente.

Enfrentarte al miedo puede ser una tarea desalentadora, pero es esencial para el crecimiento y el desarrollo personales. Aquí tienes algunos consejos que te ayudarán a prepararte para enfrentarte a tus miedos:

Identifica tu miedo: El primer paso para enfrentarte al miedo es identificar qué es lo que temes. Una vez que sepas cuál es tu miedo, podrás empezar a buscar formas de superarlo.

Sé consciente de tus pensamientos: El miedo suele proceder de pensamientos y creencias negativas. Presta atención a tu diálogo interno y desafía cualquier pensamiento negativo que surja.

Da pequeños pasos: Enfrentarte a tu miedo no tiene por qué ser un acontecimiento grande y aterrador. Empieza dando pequeños pasos para superarlo. Esto podría significar hacer algo que te asuste un poco cada día.

Práctica la atención plena: La atención plena puede ayudarte a mantenerte presente y centrado, incluso frente al miedo. Intenta practicar la meditación de atención plena o simplemente respirar hondo para calmar tu mente.

Busca apoyo: Enfrentarte al miedo puede ser un reto, por lo que es importante contar con un sistema de apoyo. Acude a amigos, familiares o a un terapeuta para que te ayuden y te animen.

Recuerda que enfrentarte al miedo requiere tiempo y práctica. Sé paciente contigo mismo y celebra tus progresos a lo largo del camino.

Establecer metas realistas te motiva a afrontarlos paso a paso; aprender nuevas habilidades te da confianza; reconocer las situaciones en las que eres vulnerables te permite actuar adecuadamente ante ellas; además de entender el contexto y origen que las producen (situaciones y el sentimiento en sí); tomar decisiones acertadas basándote en información objetiva reduce muchísimo los riesgos innecesarios y por ende un control sobre el miedo; y encontrar buenos recursos externos como libros, podcasts, otros, que favorece enormemente tu proceso de superación.

Por otro lado, desde el punto de vista teológico, existen muchas formas para abordar el miedo y los sentimientos relacionados que incluyen: La fe en un poder superior que pueda ayudarnos a superarlos. Muchas religiones enseñan que el miedo y la ansiedad son emociones humanas naturales, pero que pueden superarse mediante la oración, la meditación y confiando en la guía de una entidad divina.

Un enfoque consiste en recurrir a las escrituras o a los textos religiosos en busca de consuelo y orientación. Muchas tradiciones religiosas ofrecen historias de personas que superaron el miedo y encontraron fuerza en su fe, proporcionando inspiración y esperanza a quienes luchan con emociones similares.

Otro enfoque consiste en buscar prácticas espirituales que fomenten la paz interior y la calma, como el yoga, la meditación de atención plena o la oración. Estas prácticas pueden ayudar a las personas a conectar con su yo interior y encontrar una sensación de arraigo y estabilidad frente al miedo.

Además, muchas comunidades religiosas ofrecen apoyo y ánimo a quienes luchan contra el miedo y la ansiedad. Los grupos de apoyo basados en la fe, los servicios de asesoramiento y los actos comunitarios pueden ofrecer una sensación de pertenencia y conexión que ayude a las personas a sentirse menos solas en sus luchas.

En última instancia, la clave para superar el miedo desde una perspectiva teológica es cultivar un sentimiento de confianza y fe en un poder superior. Confiando en esta fe, las personas pueden encontrar la fuerza y el valor para enfrentarse a sus miedos y avanzar con confianza y esperanza.

El Dr Alonso Puig nos habla acerca del miedo, en una entrevista reciente este reputado médico y autor, compartió sus ideas sobre el miedo y cómo influye en nuestras vidas. Según Puig, el miedo es una emoción humana natural y sirve para mantenernos a salvo de posibles daños. Sin embargo, también señala que el miedo puede volverse irracional y abrumador, provocando ansiedad e incluso fobias.

Puig subraya la importancia de comprender y gestionar nuestros miedos, en lugar de evitarlos por completo. Sugiere que nos enfrentemos a nuestros miedos de forma gradual y controlada, permitiéndonos desarrollar una sensación de dominio y control sobre la situación. Esto puede ayudar a reducir la intensidad de nuestra respuesta de miedo y aumentar nuestra capacidad para afrontar situaciones difíciles.

Puig también señala que el miedo suele estar relacionado con nuestros pensamientos y creencias sobre nosotros mismos y el mundo que nos rodea. Los patrones de pensamiento negativos y las creencias limitantes pueden contribuir a la sensación de miedo y ansiedad. Desafiando estas creencias y adoptando una mentalidad más positiva y realista, podemos empezar a superar nuestros miedos y vivir vidas más plenas.

En general, el mensaje de Puig es de empoderamiento y autoconocimiento. Al reconocer y comprender nuestros miedos, podemos tomar medidas para superarlos y construir un sentido de nosotros mismos más resistente y seguro.

El miedo es una emoción humana común que puede desencadenarse por diversas circunstancias. Es natural sentir miedo ante el peligro o la incertidumbre, pero también puede impedirnos alcanzar nuestros objetivos y vivir nuestra mejor vida.

A lo largo de la historia, muchos sabios y personajes históricos han compartido sus ideas sobre el miedo y sobre cómo superarlo. He aquí algunas de sus ideas:

1. *Franklin D. Roosevelt* - "Lo único que tenemos que temer es al propio miedo".

En su primer Discurso Inaugural de 1933, el presidente Roosevelt pronunció estas famosas palabras, recordando a los estadounidenses que el miedo puede ser una fuerza paralizante. Instó a la nación a enfrentarse directamente a sus miedos y a no permitir que dictaran sus acciones.

2. Nelson *Mandela* - "Aprendí que el valor no era la ausencia de miedo, sino el triunfo sobre él".

Mandela, que pasó 27 años en prisión por su activismo contra el apartheid en Sudáfrica, sabía un par de cosas sobre el miedo. Creía que el verdadero valor proviene de enfrentarse a los propios miedos y superarlos, en lugar de simplemente evitarlos.

3. Marco *Aurelio* - "Si te duele alguna cosa externa, no es esta cosa la que te perturba, sino tu propio juicio sobre ella".

El emperador y filósofo romano Aurelio creía que el miedo a menudo tenía su origen en nuestras propias percepciones y prejuicios. Al reconocer y cuestionar estos patrones de pensamiento, podemos aprender a controlar nuestras reacciones a los estímulos externos y reducir nuestro miedo.

4. Eleanor *Roosevelt* - "Ganas fuerza, valor y confianza con cada experiencia en la que realmente te detienes a mirar al miedo a la cara".

Como esposa del presidente Roosevelt, Eleanor no era ajena a las presiones de la vida pública. Creía que la mejor forma de vencer el miedo era enfrentarse a él directamente, en lugar de evitarlo. Enfrentándonos directamente a nuestros miedos, podemos desarrollar resiliencia y confianza en nosotros mismos.

5. *Lao* Tzu - "Dominar a los demás es la fuerza. Dominarse a uno mismo es el verdadero poder".

El antiguo filósofo chino Lao Tzu creía que la clave para superar el miedo reside en dominar nuestra propia mente y nuestras emociones. Desarrollando la fuerza y la disciplina interiores, podemos aprender a controlar nuestras reacciones a los estímulos externos y reducir nuestro miedo.

En conclusión, el miedo es una emoción humana universal que puede ser tanto útil como perjudicial. Inspirándonos en las sabias palabras de personajes históricos, podemos aprender a superar nuestros miedos y vivir vidas más plenas. Ya sea enfrentándonos directamente a nuestros miedos o aprendiendo a controlar nuestras reacciones, hay muchas estrategias que podemos utilizar para vencer el miedo y alcanzar nuestros objetivos.

La fisiopatología del miedo, es la disciplina que estudia dicha emoción, no como un sistema de adaptación y protección de nosotros mismos sino como una enfermedad que genera cambios negativos para nuestra salud a largo, mediano y corto plazo; es entender cómo el miedo no sólo daña nuestra mente sino también nuestro cuerpo.

"Las emociones son reacciones psicofisiológicas que representan modos de adaptación a ciertos estímulos transmitidos por un objeto, personas, lugares, sucesos o recuerdos y cómo se relacionan estas con la realidad o la imaginación; expresándose físicamente mediante alguna función fisiológica que incluye reacciones de conducta", afirma el Dr. Andrés Villarreal, especialista en neurocirugía del Centro Médico Imbanaco.

La neurociencia de las emociones, es un campo nuevo de la medicina que investiga científicamente las bases neuronales de estas en nuestro cerebro, por medio de modelos neurobiológicos, psicológicos y socio-culturales.

Al tener presente que las emociones tienen diferentes patrones, estos se encuentran en nuestro sistema nervioso autónomo el cual conscientemente no se puede controlar. Se reconocen patrones para seis emociones básicas, como lo son la sorpresa, el asco, la tristeza, la ira, el miedo y la alegría.

Para conocer el origen del miedo, y por qué se hace presente en nuestra vida, se debe tener claridad que el miedo es una emoción la cual se ve transformada en el momento en el que racionalizamos, ahí se convierte en un sentimiento.

Llamamos miedo a un sistema de alarma de nuestro cerebro que se activa cuando detecta una posible amenaza real o supuesta, presente, futura o incluso del pasado. Se trata de una respuesta útil y adaptativa que conlleva cambios en el funcionamiento de nuestros comportamientos, pensamientos y cuerpo.

El miedo es un esquema cerebral de adaptación al entorno y constituye un mecanismo de supervivencia y de defensa, el cual le permite a la persona responder ante situaciones adversas con rapidez. En ese sentido, es normal y beneficioso para todos los seres vivos tener miedo.

¿Por qué sentimos miedo?

El estudio de las bases neurobiológicas del miedo se ha centrado en una región concreta del cerebro llamada *la amígdala*; la cual es una pequeña estructura alojada en el seno del sistema límbico, es decir, nuestro cerebro emocional. Aclara el Dr. Andrés Villarreal, que esta área desempeña un papel clave en la búsqueda y detección de señales de peligro. Se podría decir que trabaja de forma análoga a un detector de humo: permanece inactiva hasta que el más mínimo estímulo amenazante la pone en marcha. Si no tuviéramos amígdala, probablemente no sentiríamos miedo.

Este mecanismo que desata el miedo se encuentra, tanto en personas como en animales, concretamente en la región más primitiva que se encarga de regular acciones esenciales para la supervivencia como comer y respirar, a su vez, en el *sistema límbico* que es el encargado de regular las emociones, la lucha, la huida, evitar el dolor y en general todas las funciones que aseguren la conservación y seguridad del ser.

Este sistema revisa de manera constante, incluso durante el sueño toda la información que se recibe a través de los sentidos, lo hace mediante la estructura llamada amígdala cerebral, que controla las emociones básicas, como el miedo encargándose de localizar la fuente del peligro.

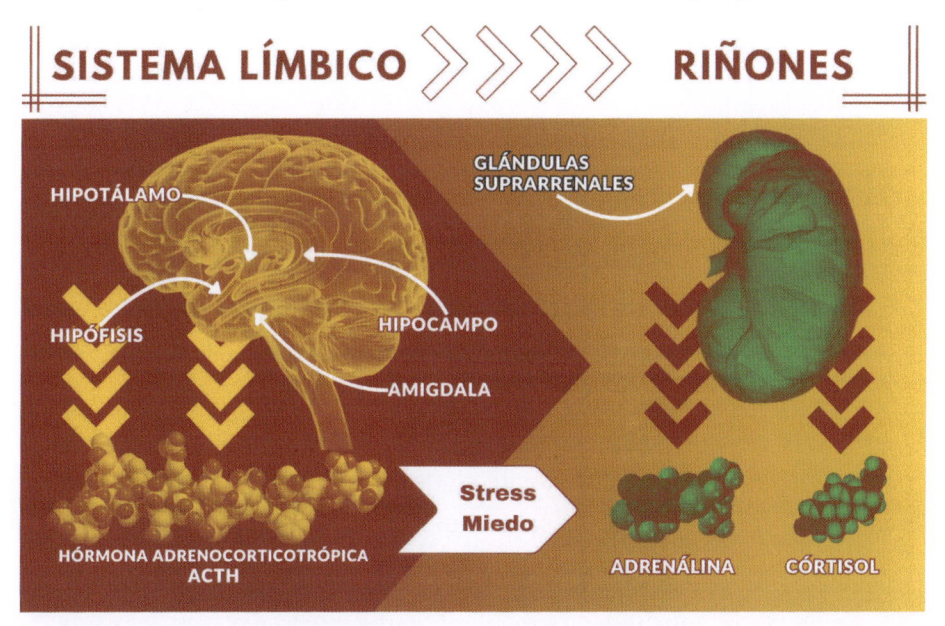

SISTEMA LÍMBICO 〉〉〉〉 RIÑONES

HIPOTÁLAMO
GLÁNDULAS SUPRARRENALES
HIPÓFISIS
HIPOCAMPO
AMIGDALA
HÓRMONA ADRENOCORTICOTRÓPICA ACTH
Stress Miedo
ADRENÁLINA
CÓRTISOL

Afirma el especialista del Centro Médico Imbanaco que cuando la amígdala se activa al detectar un posible peligro se desencadena la sensación de miedo, y su respuesta puede ser la huida, el enfrentamiento o la paralización. El miedo produce cambios inmediatos en nuestro cuerpo como por ejemplo: se incrementa el consumo de energía celular, aumenta la presión arterial, los niveles de azúcar en la sangre y la actividad de alerta cerebral.

A su vez, se disminuyen o se detienen las funciones no esenciales, se incrementa la frecuencia cardiaca y la sangre fluye a los músculos mayores especialmente a las extremidades inferiores en preparación para la huida; se inicia una cascada hormonal desde el *hipotálamo a la hipófisis* y *las glándulas suprarrenales,* incrementando los niveles de adrenalina y cortisol. El especialista explica que estos cambios en el organismo vienen acompañados de modificaciones faciales como:

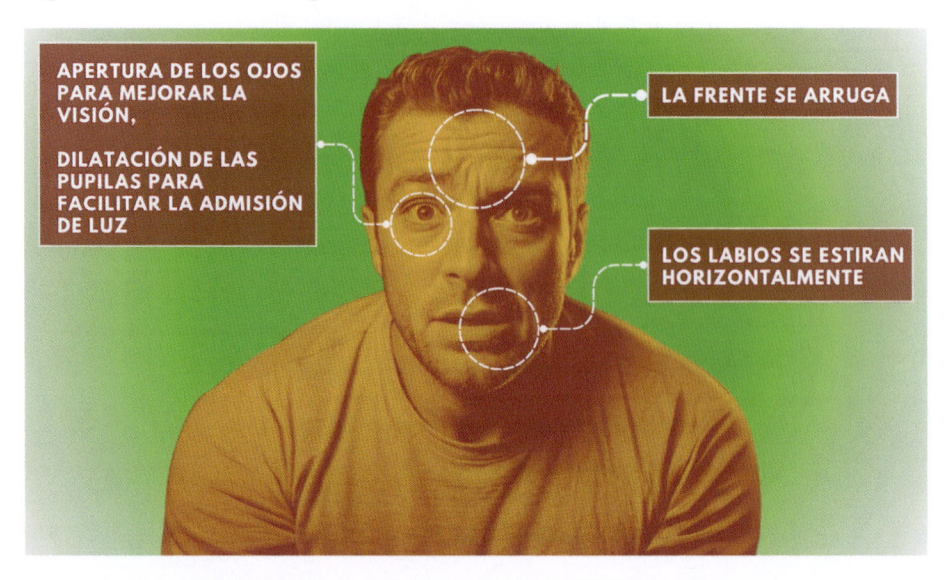

APERTURA DE LOS OJOS PARA MEJORAR LA VISIÓN,

DILATACIÓN DE LAS PUPILAS PARA FACILITAR LA ADMISIÓN DE LUZ

LA FRENTE SE ARRUGA

LOS LABIOS SE ESTIRAN HORIZONTALMENTE

¿Los miedos son hereditarios?

Los miedos no se pueden heredar, todos nacemos con algo denominado "patrones fijos de acción" conocidos como los circuitos neuronales para tener miedo ante alguna circunstancia que ponga en peligro nuestra vida.

Un padre al presentar miedo a un objeto o circunstancia en particular, no será heredada a sus hijos; pero si al nacer cualquier ser humano es expuesto de forma repetitiva y orientado por sus padres, su comunidad o su cultura transmitiendo temor, esta persona aprenderá y adoptará ese mismo miedo. Por lo que afirma el Dr. Andrés Villarreal, que los miedos no se pueden heredar pero sí se pueden enseñar.

Desde los primeros meses, los bebés tienen la capacidad de reconocer emociones positivas y negativas. Es preciso considerar que la experimentación de las emociones es previa a la capacidad de expresarlas. Nuestro cerebro nace con circuitos neuronales para algunas funciones ya destinadas, entre estas el reconocimiento del peligro y por lo tanto, el circuito para tener y sentir el miedo.

Aproximadamente a los cuatro años de edad, los niños pueden reconocer las emociones básicas y las entienden como sentimiento, reconociendo las respuestas que pueden generar en ellos mismos y en las demás personas.

En la adolescencia se enfatiza la parte social en el reconocimiento de emociones, adicional a esto, en esta etapa de la vida, se va desarrollando la autovaloración a partir de la interacción con los demás. Actualmente, ya se considera que todas las emociones son aceptables; las diferentes respuestas o reacciones que provocan las emociones pueden ser buenas o malas.

Es importante aclarar que en esta etapa, se reconocen las emociones propias y las de otras personas, así como las reglas de expresión, sin embargo, se experimentan problemas en el manejo de las emociones. Este problema está relacionado con los cambios hormonales y físicos donde los niños cambian a tener características de hombre y mujer desarrollados semejantes a un adulto.

En la edad adulta, se espera que una persona tenga la capacidad de identificar y reconocer las emociones propias, entre ellas el miedo, así como ejercer control sobre estas, desarrollando lo que se denomina la inteligencia emocional.

Es importante entonces entender que al paso de la edad, se generan diversos cambios de las emociones, y estos impactan sobre la concepción de sí mismo y el entorno. En ese sentido, durante el desarrollo emocional, la cultura y la sociedad tienen gran influencia en las emociones, ya que regulan su expresión en especial las emociones que generan miedo, afirma el especialista.

Cabe aclarar que existe la posibilidad de modificar y dar por terminado con los miedos que hemos ido creando a lo largo de la vida; se ha demostrado que a través de la psicoterapia se puede promover la comunicación de la amígdala cerebral y cíngulo anterior, por lo que las personas afectadas podrían aprender a actuar con menos miedos y a tener mayor seguridad en sí mismas.

Finalmente, todos tenemos, tuvimos o tendremos miedo a algo; como mencionamos anteriormente, se generan una serie de respuestas ante un estímulo de peligro el cual puede estar presente en el ahora o a futuro; es algo natural y debemos reconocerlo como un sistema de protección. El problema es cuando se genera miedo y su respuesta no es la adecuada o genera cambios conductuales y/o limita nuestras actividades diarias, en este caso podríamos decir que no se está presentando un caso de protección sino una evidente limitación ante algunos estímulos, y para estos episodios sí se debe tratar de controlar y reconocer con ayuda de un profesional el porqué de esta respuesta anormal, afirma el Dr. Andrés Villarreal, especialista en neurocirugía del Centro Médico Imbanaco.

Superar el miedo: Laberintos

DESDE EL INTERIOR DEL LABERINTO BUSCA LA SALIDA AL MIEDO.

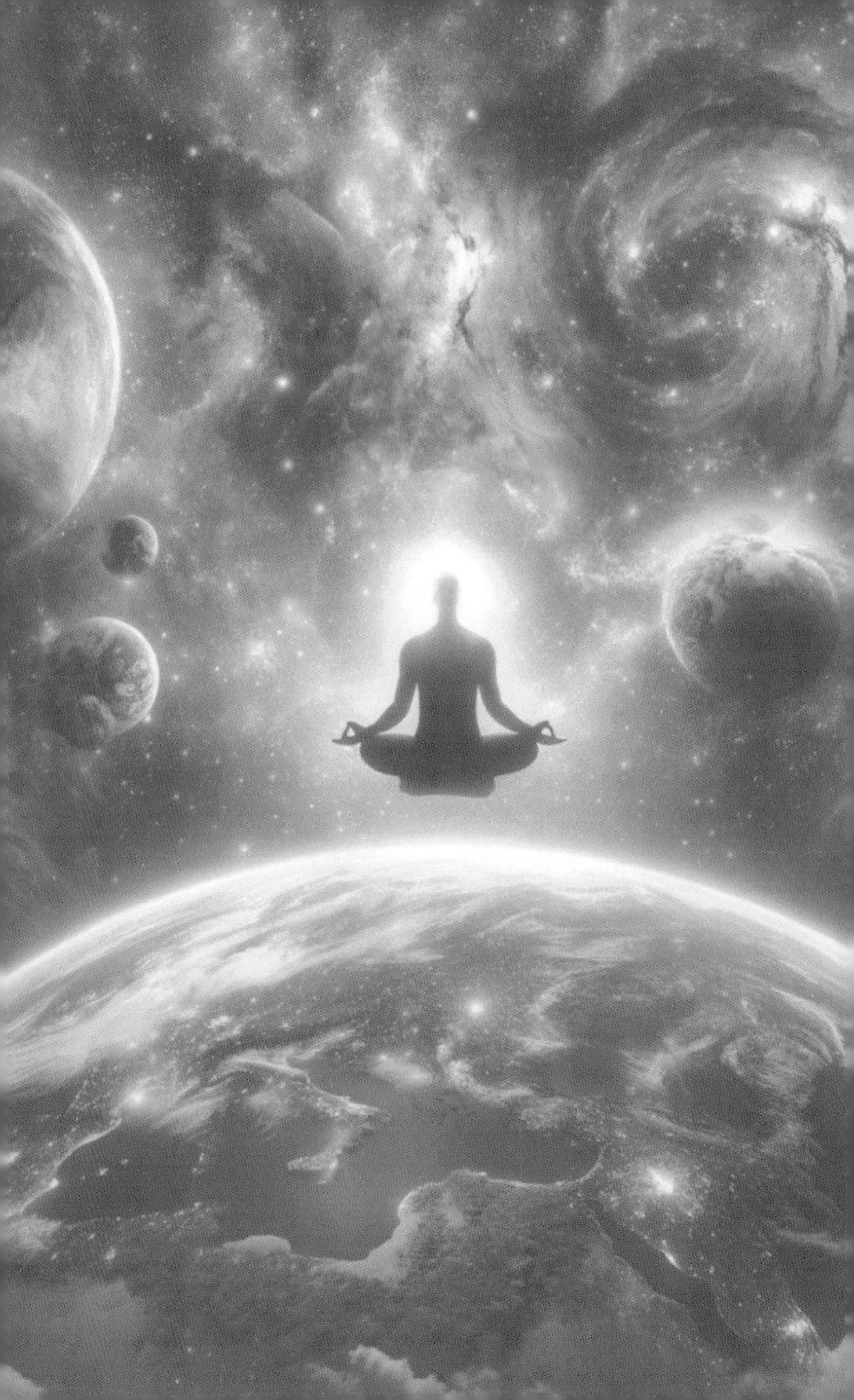

Capítulo 15

La meditación: El camino hacia la paz interior y el éxito personal

Encontrar un momento de calma y claridad es un desafío en la vida actual. Constantemente nos sentimos abrumados por las demandas del trabajo, la familia y la interminable cantidad de dispositivos electrónicos que nos rodean. La meditación es una práctica milenaria que ofrece una puerta de entrada a la paz interior y el éxito personal, en un mundo lleno de distracciones. Acompáñanos a explorar los tipos de prácticas de meditación que se conocen, sus beneficios y cómo esta práctica puede transformar tu vida.

En primer lugar, te daremos respuesta a la pregunta: *¿Qué es la meditación?*

La meditación es una práctica que implica enfocar la mente y eliminar la distracción. Se trata de estar completamente presente en el momento, observando los pensamientos y sentimientos sin juzgar. En otras palabras, la meditación implica concentrar la mente en un objeto, pensamiento, sonido o la propia respiración, con el propósito de entrenar la atención y promover la relajación, la claridad mental y la conciencia.

Aunque tiene profundas raíces en la espiritualidad, la meditación es una herramienta que cualquier persona puede utilizar para mejorar su bienestar emocional y mental. Es una práctica mental con raíces en diversas tradiciones espirituales y filosóficas, y se ha vuelto popular porque es utilizada como técnica para ayudar y promover el bienestar de las personas.

La meditación es una práctica personal y puede ser adaptada para satisfacer las necesidades, y preferencias de cada individuo. Es importante practicarla con regularidad para experimentar sus beneficios a lo largo del tiempo.

Las técnicas de meditación tienen una larga historia que se remonta a miles de años, y determinar cuál es la más antigua se torna algo difícil, ya que en muchas culturas y tradiciones han desarrollado sus propias prácticas meditativas a lo largo del tiempo. Aquí te entregamos una lista de algunos de los tipos de meditación más comunes:

Técnicas de Meditación Antiguas:

1. *Meditación Taoísta, conocida desde el siglo IV A.C.* Es una filosofía y tradición espiritual china, se centra en la conexión con la naturaleza y la armonización de la energía vital (El Qi). Esta técnica te ayuda a calmar la mente y permite que los pensamientos fluyan porque los observamos sin ningún tipo de juicio. Uno de los maestros y practicantes del Taoísmo que ha tenido un impacto significativo en la promoción de las prácticas taoístas en Occidente es *Mantak Chia*, que es un autor y maestro de Chi Kung (Qi Gong) y meditación taoísta. Chia ha escrito varios libros populares sobre las prácticas taoístas, incluyendo la meditación y las artes energéticas como el Tai Chi y el Chi Kung.

2. *Meditación Vipassana, conocida desde el siglo VI A.C.* Se centra en la observación de la respiración y las sensaciones corporales, para desarrollar la conciencia y la sabiduría. Esta técnica promueve la autoreflexión y reduce el estrés. Uno de los maestros de meditación Vipassana ampliamente reconocido y embajador de esta técnica en todo el mundo fue *S.N. Goenka.*

3. *Meditación Védica, sobre los Vedas se estima su existencia desde el siglo XV A.C.* Esta tradición de sabiduría espiritual ancestral se originó en la antigua India, y se centra en la recitación de vocalizaciones conocidas como mantras, y la contemplación de conceptos espirituales y filosóficos profundos. Esta técnica promueve la calma mental y la conexión espiritual. Se podría considerar la

técnica original de la meditación de donde surgen todas las otras formas conocidas. *Maharishi Mahesh Yogi* es sin duda la figura más reconocida y emblemática asociada con esta técnica de meditación, además que él fue fundador de la organización Transcendental Meditation (TM) y enseñó la técnica de Meditación Védica en todo el mundo. Es conocido por su influencia en la cultura popular y su relación con celebridades, como The Beatles en la década de 1960.

4. *La Meditación Chakra, practicada desde el siglo V hasta el XV, en el periodo medieval.* También se basa en la tradición hindú y se centra en los centros de energía del cuerpo denominados chakras, y cuyo manejo permite equilibrar la energía vital. Así, esta técnica mejora la energía y el equilibrio emocional. El yogui y gurú indio *Paramahansa Yogananda* fue quien introdujo la meditación Kriya Yoga en Occidente a través de su libro "Autobiografía de un Yogui".

5. *Meditación Zazen o Zen, conocida desde el siglo VII de nuestra era.* Es una práctica del budismo Zen que se enfoca en la postura sentada y la observación de pensamientos sin apego. Esta técnica fomenta la paz interior y la conciencia del presente. *Thich Nhat Hanh* es un monje budista vietnamita y autor muy reconocido, que ha popularizado la práctica de la atención plena en la tradición Zen en Occidente.

Técnicas de Meditación de la Edad Media al Siglo XIX:

6. *Meditación del Sutra del Loto también conocida como "Shikan Taza" (siglo XIII).* Es una práctica específica que puede no ser tan destacada en comparación con otras técnicas. Esta meditación se basa en la recitación o contemplación de pasajes del Sutra del Loto, un texto budista. La técnica fomenta la sabiduría y la conexión espiritual. *Thich Nhat Hanh* a quien mencionamos anteriormente como un promotor de la tradición Zen, también ha enseñado sobre varios sutras budistas, incluido el Sutra del Loto, en sus enseñanzas y escritos.

7. *Meditación de la Respiración Consciente, Mindfulness o Atención Plena (siglo XIX).* Se centra en la observación de la respiración para desarrollar la atención plena. Esta técnica mejora la concentración y la calma mental. *Jon Kabat-Zinn,* es uno de los principales promotores de

la meditación mindfulness en Occidente. Fundó el programa de Reducción del Estrés Basado en Mindfulness (MBSR) y ha escrito varios libros sobre el tema.

8. Meditación *Trataka o de la llama de una vela (siglo XVIII)*. Implica concentrar la atención en un objeto, como una vela, para mejorar la concentración y la claridad mental. Esta técnica mejora la concentración y la tranquilidad mental. No hay una persona específica que se destaque como la más conocida por practicar Trataka, esta técnica se ha transmitido a lo largo del tiempo a través de instructores y maestros de yoga, así como a través de la práctica individual.

Técnicas de Meditación Contemporáneas (siglo XX - Actualidad):

9. Meditación *Guided o Guiada (siglo XX)*. Un instructor o grabación de audio guía a través de un proceso de relajación y visualización. Esta técnica facilita la relajación profunda y la introspección. Las meditaciones guiadas son una herramienta que generalmente son conducidas por terapeutas, instructores de yoga, aplicaciones de bienestar, sitios web de meditación y otros profesionales de la salud mental y el bienestar. Estas meditaciones son accesibles para una amplia audiencia y suelen centrarse en objetivos específicos, como la relajación, la reducción del estrés, el desarrollo personal o la atención plena.

10. *Meditación de Atención al Sonido (siglo XX)*. Implica prestar atención a sonidos específicos o tonos para inducir estados meditativos. Esta técnica mejora la concentración y la relajación. La meditación de atención al sonido es una variante de la atención plena y es utilizada por personas de diversas trayectorias espirituales y filosóficas. *Thich Nhat Hanh* es conocido por su trabajo en la atención plena en general, su enfoque en la escucha consciente y la relación con los sonidos lo convierte en un ejemplo relevante en el contexto de la meditación de atención al sonido.

11. *Meditación del Sonido o Mantra (siglo XX)*. La repetición constante de sonidos, palabras o frases específicas para alcanzar estados meditativos. Esta técnica ayuda a calmar la mente y a entrar en estados

meditativos profundos. *Deepak Chopra,* aunque es conocido por una variedad de enseñanzas, fue el que popularizó la meditación de mantras como parte de sus prácticas espirituales.

12. *Meditación Vipassana Contemporánea (siglo XX - Actualidad).* Una evolución de la meditación Vipassana tradicional que se enseña en retiros de meditación en todo el mundo. Esta técnica fomenta la autoconciencia, la reducción del estrés y una mayor comprensión de uno mismo. *Satya Narayan Goenka,* también conocido como *Goenkaji,* falleció en 2013 y fue un maestro de Vipassana ampliamente reconocido y respetado. Goenka fundó la organización Vipassana Research Institute y enseñó a personas de diversas tradiciones y orígenes la práctica de Vipassana.

13. *Meditación de Conciencia Abierta (siglo XX - Actualidad).* Observación sin prejuicios de todo lo que surge en la mente y el cuerpo. Esta técnica desarrolla una mayor conciencia y aceptación de la experiencia presente. *Shunryu Suzuki* aunque no es conocido específicamente por la meditación de conciencia abierta, sus enseñanzas Zen, incluida la práctica de "shikantaza," se centraron en la atención plena sin objeto y la observación sin esfuerzo de la mente. El enfoque de Shunryu Suzuki en la simplicidad y la conciencia pura influyó en la comprensión y la práctica de la meditación de conciencia abierta en Occidente.

14. *Meditación Vinyasa o Yoga (siglo XX).* Combina la meditación con movimientos suaves y fluidos, generalmente asociados con la práctica del yoga. Esta técnica mejora la flexibilidad, la fuerza y la calma mental. *B.K.S. Iyengar* fue un influyente profesor de yoga indio que desarrolló el estilo Iyengar de yoga, que se centra en la alineación y la precisión en las posturas.

15. *Meditación Trascendental (TM) - (siglo XX).* Utiliza la repetición de un mantra personal para alcanzar estados profundos de conciencia. Esta técnica promueve la relajación, la creatividad y la reducción de la ansiedad. *Maharishi Mahesh Yogi,* fue fundador de la organización Transcendental Meditation (TM).

16. *Meditación Metta o Loving-Kindness (Amabilidad Amorosa)- (siglo XX)*. Se centra en cultivar sentimientos de amor y amabilidad hacia uno mismo y hacia los demás. Esta técnica promueve la compasión, la empatía y la conexión con otros. *Sharon Salzberg* es una autora y maestra de meditación ampliamente reconocida que ha desempeñado un papel clave en la popularización de la meditación Metta en Occidente. Fundadora de la Insight Meditation Society y autora de varios libros sobre meditación y atención plena.

Existen otras prácticas de meditación de las cuales desconocemos su antigüedad pero que será conveniente citar:

1. *Meditación Kundalini:* Se enfoca en despertar con la práctica de posturas, técnicas de respiración y mantras la energía kundalini, que se cree que reside en la base de la columna vertebral. Entre los beneficios que puedes obtener están, reducción del estrés, desarrollo de la conciencia, mejora en la calidad del sueño, equilibrio emocional y claridad mental. *Yogi Bhajan* fue un líder espiritual y maestro que introdujo la meditación Kundalini en Occidente en la década de 1960. Fundó la organización 3HO (Healthy, Happy, Holy Organization) y enseñó a miles de personas en todo el mundo la meditación Kundalini y el yoga Kundalini.

2. *Meditación Walking* (Caminata Consciente): Se práctica caminando de manera consciente, prestando atención a cada paso y la sensación en los *pies*. Esta forma de meditación es a menudo practicada por personas en la vida cotidiana como parte de su enfoque en la atención plena y la conexión con el entorno.

3. *Meditación Body Scan:* Implica explorar y relajar conscientemente cada parte del cuerpo, desde los pies hasta la cabeza. *Jon Kabat-Zinn*, es ampliamente conocido por su trabajo en el desarrollo de programas basados en mindfulness, como el Programa de Reducción de Estrés Basado en Mindfulness (MBSR, siglas en inglés). El MBSR incluye la meditación Body Scan como una de sus prácticas fundamentales.

4. *Meditación Silenciosa o Cristiana:* Es una práctica espiritual que tiene como objetivo cultivar una relación más profunda con Dios a través de

la oración silenciosa y la reflexión. A diferencia de algunas formas de meditación orientales, la meditación cristiana se centra en la contemplación de *pasajes* bíblicos, eventos de la vida de Jesús o en la relación personal con Dios. Uno de los defensores más influyentes de la meditación cristiana es *Thomas Merton,* un monje trapense y escritor católico que escribió extensamente sobre la espiritualidad y la meditación. Sus obras, como "La montaña de los siete círculos" y "La contemplación en un mundo agitado", han sido influyentes en la promoción de la meditación cristiana.

5. *Meditación sobre la Muerte Consciente o Contemplación de la Muerte:* Se centra la atención en la respiración, reflexión sobre la fragilidad de la vida y visualización de tu propio proceso o apoyarte con una imagen u objeto simbólico. Es una práctica que tiene como objetivo ayudar a las personas a enfrentar la realidad de la mortalidad, logrando encontrar una mayor apreciación por la vida y una mayor claridad sobre lo que realmente importa. Esta práctica te ayuda a reducir el miedo a la muerte, y a vivir una vida más plena y significativa.

La meditación sobre la muerte no es necesariamente una práctica fácil, ya que puede ser emotiva y desafiante. Sin embargo, puede llevar a una mayor apreciación de la vida y ayudar a superar el miedo a la muerte. Puedes practicar esta meditación regularmente para profundizar en su impacto en tu perspectiva de vida.

Los beneficios de la meditación incluyen, la reducción del estrés, la mejora de la concentración, la promoción de la salud mental y emocional, y el aumento de la conciencia personal. La meditación también se ha utilizado en terapias complementarias y como herramienta para el bienestar general. A continuación te ampliamos cada uno de estos beneficios:

Reducción del estrés y la ansiedad

Uno de los beneficios más notables de la meditación es su capacidad para reducir el estrés y la ansiedad. En un mundo donde la presión y las preocupaciones son omnipresentes, la meditación ofrece un refugio de calma. Al practicar regularmente, puedes entrenar tu mente para lidiar mejor con el estrés, lo que a su vez mejora tu salud física y mental.

Mejora de la concentración y la atención

La meditación es como un gimnasio para tu mente. A medida que prácticas, fortalecerás tu capacidad de concentración y atención. Esto se traduce en una mayor productividad en el trabajo y una mayor claridad mental para tomar decisiones importantes.

Autoconocimiento y autoreflexión

La meditación te invita a explorar tu mundo interior. Al observar tus pensamientos y emociones, puedes llegar a conocer mejor tus patrones de comportamiento y tus reacciones automáticas. Esta autorreflexión te permite tomar decisiones más conscientes y, en última instancia, vivir una vida más auténtica.

Fomento de la creatividad

La meditación también es un trampolín para la creatividad. Al liberar la mente de la preocupación constante, abres espacio para la inspiración y las ideas innovadoras. Numerosos artistas y visionarios han atribuido sus momentos más creativos a la práctica de la meditación.

Mejora de las relaciones personales

La paz interior que obtienes de la meditación se refleja en tus relaciones personales. Al estar más en sintonía contigo mismo, eres más empático y comprensivo con los demás. La meditación fomenta la empatía, la comunicación efectiva y la resolución pacífica de conflictos.

Vida más plena y significativa

Porque logras una mayor claridad de las cosas importantes en tu vida, lo que permite valorar y dedicar tiempo a las actividades que se alinean con tu significado de vida. Y esto ocurre cuando comprendemos que la vida que conocemos es la etapa en la dimensión física que todos experimentamos en nuestro camino a la vida eterna.

Profundizar tu relación con Dios

Porque establece una forma de comunicación con Dios, que es el Yo soy, la fuente de la energía que cada uno posee. La consciencia universal donde todos estamos conectados, pero por alguna razón lo olvidamos. La meditación es un camino o forma que te puede ayudar a conectarte y mantener una relación frecuente con tu ser esencial.

Por último, queremos dar respuesta a esta constante pregunta que todos nos hacemos, una vez que conocemos los beneficios de la meditación, *¿Cómo comenzar a practicar la meditación?*

Encuentra un lugar tranquilo: Busca un espacio donde puedas meditar sin distracciones. Esto podría ser una habitación tranquila, un rincón en tu hogar o incluso un lugar al aire libre.

Establece un horario regular: La consistencia es clave en la meditación. Elige un momento del día que funcione para ti y trata de meditar a la misma hora todos los días.

Comienza con meditaciones cortas: No es necesario meditar durante horas. Comienza con sesiones cortas, de 5 a 10 minutos, y ve aumentando gradualmente el tiempo a medida que te sientas más cómodo.

Utiliza guías de meditación: Si eres nuevo en la meditación, puedes utilizar aplicaciones o recursos en línea que ofrecen guías paso a paso. Estos te ayudarán a enfocar tu mente y a establecer un ritmo adecuado.

Sé paciente contigo mismo: La meditación es una habilidad que se desarrolla con el tiempo. No te preocupes si tu mente divaga al principio. A medida que practiques, tu capacidad de concentración mejorará.

La meditación es una herramienta poderosa para encontrar la paz interior y el éxito personal en un mundo cada vez más caótico. Al reducir el estrés, mejorar la concentración y fomentar la creatividad, la meditación tiene el potencial de transformar tu vida de muchas maneras. Aprovecha esta práctica antigua para encontrar calma en medio del caos y descubre tu potencial oculto. ¡Tu camino hacia una vida más plena comienza con la meditación!

A continuación te presentamos unas tablas con las técnicas de meditación más notables:

Técnicas de Meditación

ANTIGUAS

NOMBRE	ENFOQUE	BENEFICIO	MAESTRO
Taoista	Naturaleza y observación de los pensamientos sin juicio	Calma la mente y armoniza la energía vital	Mantak Chia
Vipassana	Observar la respiración y las sensaciones corporales	Desarrollar la conciencia y sabiduría. Promueve la autoreflexión y reduce el estrés	S.N. Goenka
Védica (Se puede considerar como la técnica de meditación original)	Recitación de mantras, contemplación de conceptos espirituales y filosóficos profundos	Calma mental y conexión espiritual	Maharishi Mahesh Yogi
Chakra	Centro de energía del cuerpo. (Chakra)	Equilibrar la energía vital, mejora la energía y equilibrio emocional	Paramahansa Yogananda
Zen	Sentados observar los pensamiento sin apego	Paz interior y conciencia del presente	Thich Nhat Hanh

Técnicas de Meditación

EDAD MEDIA

NOMBRE	ENFOQUE	BENEFICIO	MAESTRO
Sutra del Loto	Recitación o contemplación de pasajes del Sutra del Loto (texto budista)	Fomenta la sabiduría y conexión espiritual	Thich Nhat Hanh
Mindfulness/ atención plena	Observación de la respiración para desarrollar la atención plena	Mejora la concentración y la calma mental	Jon Kabat-Zinn
Trataka	Concentrar la atención en un objeto, como una vela	Concentración, claridad y tranquilidad mental	A través de instructores y maestros de yoga

Técnicas de Meditación

CONTEMPORÁNEAS
(SIGLO XX -ACTUALIDAD)

NOMBRE	ENFOQUE	BENEFICIO	MAESTRO
Guiada	Un instructor o grabación de audio guía a través de un proceso de relajación y visualización.	La relajación, la reducción del estrés, la atención plena y la introspección	Terapeutas, instructores de yoga, aplicaciones de bienestar, sitios web de meditación y otros profesionales de la salud mental
Atención al sonido (Variante de la atención plena)	Atención a sonidos específicos o tonos para inducir estados meditativos	Relajación y concentración	Thich Nhat Hanh
Sonidos o mantras	La repetición constante de sonidos, palabras o frases específicas	Calma mental, estados meditativos profundos	Deepak Chopra
Vipassana Contemporánea	Una evolución la Vipassana tradicional	Autoconocimiento, reducción del estrés, mayor compresión de uno mismo	Satya Narayan Goenka

Técnicas de Meditación

CONTEMPORÁNEAS
(SIGLO XX - ACTUALIDAD)

NOMBRE	ENFOQUE	BENEFICIO	MAESTRO
Conciencia abierta	Observación sin prejuicios de todo lo que surge en la mente y el cuerpo	Mayor conciencia y aceptación de la experiencia presente	Shunryu Suzuki
Yoga	Combina la meditación con movimientos suaves y fluidos	Mejora la flexibilidad, la fuerza y la calma mental	B.K.S. Iyengar
Trascendental	Repetición de un mantra personal	La relajación, la creatividad y la reducción de la ansiedad	Maharishi Mahesh Yogi
Metta o Loving-Kindness	Cultivar sentimientos de amor y amabilidad hacia uno mismo y hacia los demás	La compasión, la empatía y la conexión con otros	Sharon Salzberg

Técnicas de Meditación

ANTIGÜEDAD DESCONOCIDA

NOMBRE	ENFOQUE	BENEFICIO	MAESTRO
Kundalini	Despertar con la práctica de posturas, técnicas de respiración y mantras la energía kundalini	Reducción del estrés, desarrollo de la conciencia, mejora en la calidad del sueño, equilibrio emocional y claridad mental	Yogi Bhaja
Caminata consciente	Caminando consiente, prestando atención a cada paso y sensación	Enfoque en la atención plena y la conexión con el entorno	
Body Scan	Explorar y relajar conscientemente cada parte del cuerpo	Autocompasión, manejo del dolor y conciencia corporal.	Jon Kabat-Zinn
Silenciosa o Cristiana	Oración silenciosa y reflexión contemplando pasajes bíblicos, vida de Jesús o relación personal con Dios	Cultivar una relación más profunda con Dios	Thomas Merton
Contemplación de la Muerte	Postura cómoda, atención en la respiración, reflexión sobre la vida y visualización de tu propio proceso, apoyarte con una imagen u objeto simbólico	Reducir el miedo a la muerte y vivir una vida más plena y significativa	

Meditación: Descubre la técnica

TE LISTAMOS LOS BENEFICIOS DE PRACTICAR LA MEDITACIÓN. POR FAVOR, DESCUBRE CUAL ES O SON LAS TÉCNICAS DE MEDITACIÓN QUE TE PUEDEN AYUDAR A OBTENER ESTOS BENEFICIOS.

ESTAS EN BUSCA DE:	DESCUBRE TÉCNICAS DE MEDITACIÓN QUE TE PUEDEN AYUDAR:
Calma mental	
Reducir el estrés	
Equilibrio emocional	
Estados de relajación	
Concentración	
Reducción de la ansiedad	
Manejo del dolor	
Auto-reflexión	
Equilibrio de la energía vital	
Flexibilidad y fuerza corporal	

	Aumento de la creatividad	
	Mejora de la atención plena	
	Reducción del miedo a la muerte	
	Autocompasión, compasión, empatía y conexión con el entorno	
	Autoconocimiento, introspección y aceptación de la experiencia presente	
	Conexión espiritual	
	Desarrollo de la conciencia	
	Fomentar la sabiduría	
	Cultivar la relación con Dios	
	Paz interior	

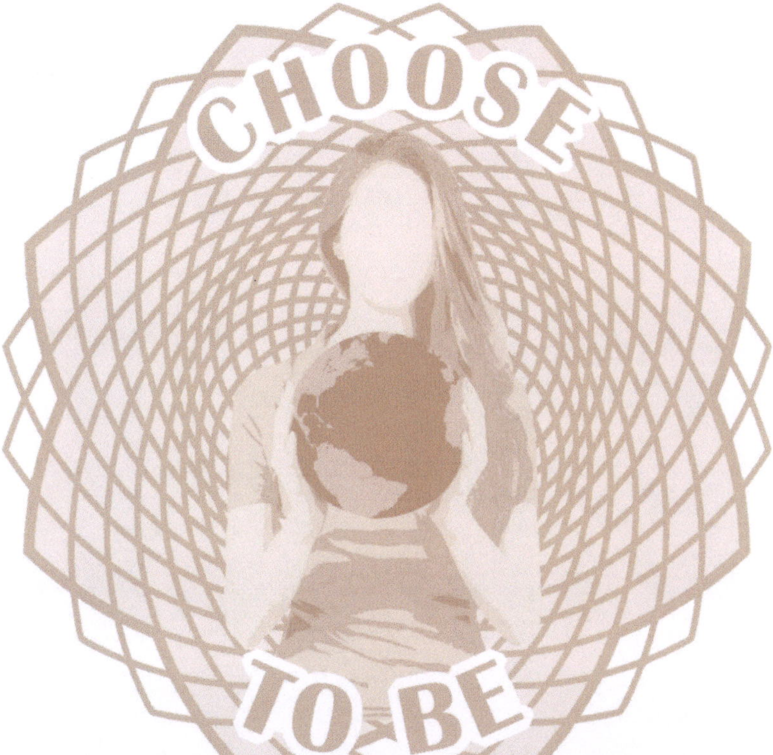
CHOOSE
TO BE

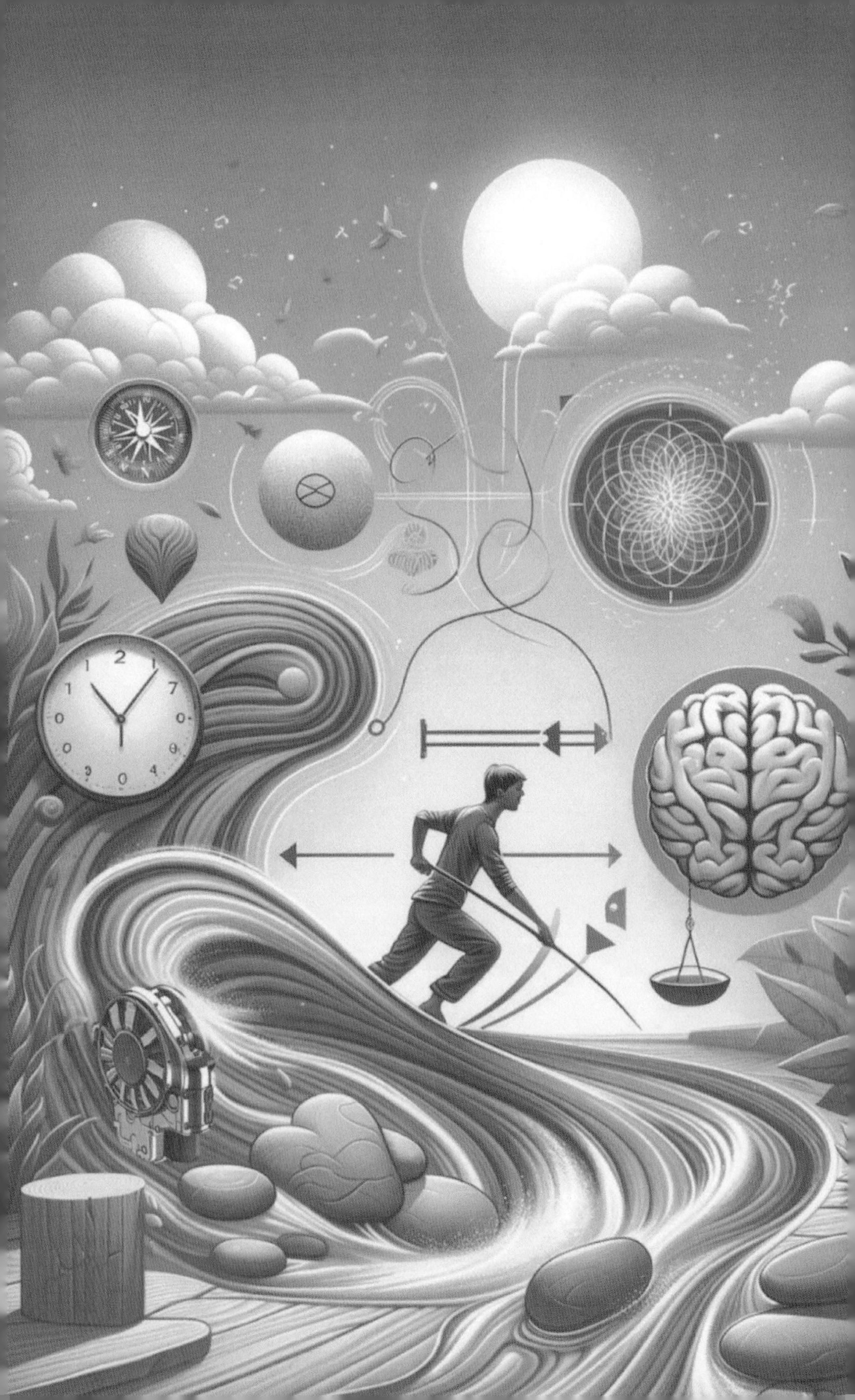

Capítulo 16

El estado de flujo, tu zona de alta concentración.

Es un estado mental que hace que las personas sean verdaderamente poderosas y se deriva del flujo de emociones dentro de uno mismo. Este estado de flujo se caracteriza por una profunda sensación de concentración, claridad y determinación.

Cuando las personas se encuentran en este estado, se sienten llenas de energía, motivadas y capaces de lograr cualquier cosa que se propongan. Este estado se conoce a menudo como "estar en la zona" o "fluir".

Es un estado en el que las personas están completamente presentes en el momento y plenamente comprometidas con cualquier tarea que estén realizando. Es un estado en el que el tiempo parece pasar volando y en el que las personas sienten que están funcionando al máximo rendimiento.

El estado de flujo no es algo que pueda forzarse o crearse artificialmente. Es un estado natural que surge cuando las personas hacen algo que realmente les gusta y apasiona, tienen vocación. Ya sea hacer deporte, escribir, pintar o cualquier otra actividad, cuando la gente se dedica a algo que le gusta, entra en este estado de flujo.

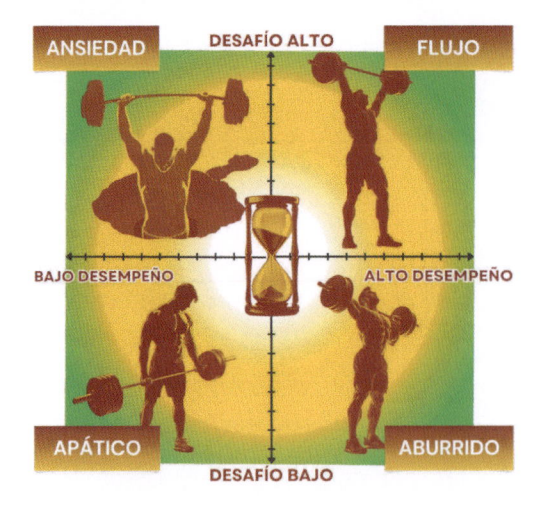

Estado de Flujo

ENERGÍA, MOTIVACIÓN Y CAPACIDAD

CONCENTRACIÓN, DETERMINACIÓN Y CLARIDAD

ENFOQUE EN EL PRESENTE

ALTO COMPROMISO

TIEMPO PASA RÁPIDO

MÁXIMO RENDIMIENTO

ALEGRÍA Y PLACER

Los beneficios de estar en el estado de flujo son numerosos, y podemos mencionarte los siguientes:

Cuando las personas se encuentran en este estado, *son capaces de aprovechar todo su potencial y lograr grandes cosas. Son más creativas, más productivas y más eficaces* en la consecución de sus objetivos. Además, estar en este estado *es increíblemente gratificante y satisfactorio,* ya que las personas son capaces de *experimentar una profunda sensación de satisfacción y logro.*

En general, el estado de flujo es un poderoso estado mental que puede conducir a *logros increíbles y al crecimiento personal*. Aunque no es algo que pueda forzarse o crearse a demanda, las personas pueden cultivar las condiciones más propicias para entrar en este estado. Encontrando actividades que les apasionen y les gusten de verdad, las personas pueden aprovechar este poderoso estado de flujo y lograr grandes cosas.

¿Se ha fijado alguna vez en cómo algunas personas parecen alcanzar el éxito y la felicidad en sus vidas sin esfuerzo?

No es sólo la suerte o las circunstancias lo que les distingue. Uno de los factores clave que hace que las personas sean verdaderamente poderosas es su estado de flujo. Esto se refiere a la capacidad de mantener una mentalidad positiva y productiva, incluso ante retos y contratiempos.

Cuando nos encontramos en un estado de flujo, experimentamos una sensación de tranquilidad y confianza que nos permite atravesar los altibajos de la vida con gracia y resistencia. Somos capaces de centrarnos en nuestros objetivos y mantener un sentido de propósito, incluso cuando las cosas se ponen difíciles.

Este estado mental se caracteriza por sentimientos de alegría, entusiasmo y gratitud, así como por una profunda sensación de conexión con nosotros mismos y con el mundo que nos rodea.

¿Cómo podemos cultivar el estado de flujo en nuestras vidas?

Un factor importante es *la autoconciencia*. Prestando atención a nuestros pensamientos y emociones, podemos empezar a identificar patrones y desencadenantes que pueden estar frenándonos.

También podemos tomar medidas para *controlar nuestros niveles de estrés y cuidarnos*, por ejemplo, meditando, haciendo ejercicio o pasando tiempo en la naturaleza.

Otro factor importante es *la mentalidad*. Adoptando una mentalidad de crecimiento, podemos aceptar los retos como oportunidades de aprendizaje y crecimiento, en lugar de verlos como obstáculos.

También podemos *cultivar un sentimiento de optimismo y positividad*, centrándonos en lo que podemos controlar y encontrando soluciones en lugar de obsesionarnos con los problemas.

En definitiva, el estado de flujo consiste en encontrar el equilibrio y la armonía en nuestras vidas. Se trata de aprovechar nuestra fuerza interior y nuestra capacidad de recuperación, y dejarnos llevar por los ritmos de la vida.

Al cultivar este estado mental, podemos liberar todo nuestro potencial y llegar a ser verdaderamente poderosos en todos los aspectos de nuestra vida.

¿Ha experimentado alguna vez un momento en el que todo encajaba en su sitio y sentía que podía conquistar el mundo?

Esa sensación de estar en la zona, donde tus pensamientos y acciones están perfectamente alineados. Es un estado poderoso que puede ayudar a la gente a conseguir cosas increíbles, ya sea en el deporte, en los negocios o en cualquier otro ámbito de la vida.

El flujo emocional se caracteriza por una sensación de intensa concentración e inmersión en la actividad que se está realizando. Cuando se está en este estado, las distracciones desaparecen y se está plenamente presente en el momento. El tiempo parece pasar volando, e incluso puedes perder la noción de él por completo. No piensas ni en el pasado ni en el futuro; simplemente estás aquí y ahora, plenamente involucrado en lo que estás haciendo.

Los estudios han demostrado que las personas en estado de flujo emocional son más productivas, creativas y resistentes. Son capaces de rendir al máximo, incluso bajo presión, y es menos probable que se vean afectadas por emociones negativas como el estrés o la ansiedad.

De hecho, el estado de flujo emocional se describe a menudo como una especie de "estrés positivo" o de desafío, en el que el cuerpo está lleno de energía y la mente es aguda.

¿Cómo puedes cultivar la fluidez emocional en tu vida?

Una clave es encontrar actividades que te gusten y te supongan un reto al mismo tiempo. Puede ser cualquier cosa, desde tocar un instrumento musical hasta practicar artes marciales o escribir una novela.

La clave está en encontrar ese punto óptimo en el que te sientas lo suficientemente implicado como para sentirte desafiado, pero no tan abrumado como para estresarte.

Otro factor importante es eliminar las distracciones y crear un entorno que favorezca la concentración. Esto puede significar apagar el teléfono o el ordenador, encontrar un lugar tranquilo para trabajar o utilizar herramientas como auriculares con cancelación de ruido para bloquear los estímulos externos.

En última instancia, el estado de flujo emocional es una herramienta poderosa a la que cualquiera puede acceder con la mentalidad y el enfoque adecuados. Ya seas deportista, artista o empresario, cultivar el flujo emocional puede ayudarte a alcanzar nuevas cotas de productividad, creatividad y éxito.

Enlace del vídeo "¿Cómo estar en estado de flujo: entrar en la zona de alta concentración?"
https://youtu.be/-J3ctZhcwBw

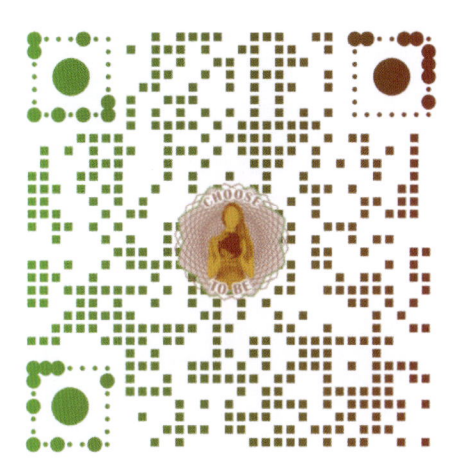

El estado de flujo: Encuentre las diferencias

EN EL SIGUIENTE ESCENARIO HAY 8 DIFERENCIAS SUTILES. ¡ENCUENTRALAS!

NOWLLDGE
DENIEDGE
HEALTH
HEALTH
HEALTH
HILLTH
SKILLS
MUNDULNESS
TINSIPILEENS

Capítulo 17

La importancia de la autodisciplina en tu desarrollo personal

La autodisciplina es una habilidad fundamental en el desarrollo personal. Se refiere a la capacidad de establecer metas y trabajar hacia ellas con determinación y constancia, a pesar de los obstáculos y distracciones que puedan surgir en el camino.

La autodisciplina es esencial para alcanzar el éxito en cualquier ámbito de la vida, ya sea en los estudios, la carrera profesional, el deporte, la salud o las relaciones personales. Aquí, te presentamos algunas razones por las que la autodisciplina es importante en el desarrollo personal:

Te ayuda a mantener el enfoque en tus metas: La autodisciplina te permite evitar las distracciones y tentaciones que pueden alejarte de tus objetivos a largo plazo. También, te permite mantener el enfoque y la concentración en lo que es importante para ti.

Te ayuda a desarrollar la fuerza de voluntad: La autodisciplina es una forma de entrenar tu fuerza de voluntad, lo que te permite ser más resistente ante la adversidad y tomar decisiones difíciles.

Te ayuda a mejorar tu autoestima: Cuando logras alcanzar tus metas gracias a tu autodisciplina, te sientes más seguro y orgulloso de ti mismo, lo que contribuye a mejorar tu autoestima y autoconfianza.

Te ayuda a establecer hábitos saludables: La autodisciplina es esencial para establecer hábitos saludables, como hacer ejercicio regularmente, llevar una dieta equilibrada, meditar o dormir lo suficiente.

Te ayuda a crecer como persona: La autodisciplina te obliga a salir de tu zona de confort y enfrentarte a desafíos que pueden ser difíciles de superar. Esto te ayuda a crecer como persona y a desarrollar habilidades y fortalezas que te serán útiles en otros aspectos de tu vida.

Aquí, *algunos consejos que pueden mejorar tu autodisciplina:*

Establece metas claras, haz una lista de tareas diarias, práctica la autorregulación, evita las tentaciones, celebra tus logros, cultiva la paciencia, aprende a decir "no", es importante tener la capacidad de decir "no" a las distracciones o tentaciones que puedan interferir con tus objetivos, mantén una actitud positiva y busca apoyo.

¿Qué sucede si estoy en una etapa de mi vida en donde no me encuentro, me siento apremiado con deudas y no tengo objetivos claros?

Si te encuentras en una etapa de tu vida en la que no te sientes seguro, apremiado por deudas y sin objetivos claros, es importante que te tomes un tiempo para reflexionar y evaluar tu situación actual. Aquí, te compartimos algunos consejos que pueden ayudarte:

Toma el control de tus finanzas: Haz un balance de tus ingresos y gastos para entender mejor tu situación financiera actual. Si tienes deudas, considera la posibilidad de establecer un plan de pago para reducir tu carga financiera.

Identifica tus objetivos a largo plazo: Piensa en lo que quieres lograr en el futuro y establece objetivos claros y alcanzables. Esto puede ayudarte a mantenerte motivado y enfocado en tus metas.

Crea un plan de acción: Una vez que hayas identificado tus objetivos, elabora un plan de acción para lograrlos. Divide tus objetivos en tareas más pequeñas y establece plazos realistas para completarlas.

Desarrolla hábitos positivos: Trata de desarrollar hábitos positivos que te ayuden a alcanzar tus objetivos, cómo hacer ejercicio regularmente, establecer un horario de sueño adecuado, leer libros y recursos que te ayuden a crecer personalmente.

Busca ayuda si la necesitas: Si te sientes abrumado, considera la posibilidad de buscar la ayuda de un amigo, un mentor o un profesional de la salud mental. Puede ser útil contar con un apoyo externo para superar los desafíos y mantener la motivación.

Es importante que te mantengas enfocado en el presente y no te preocupes demasiado por el pasado o el futuro. Aprende a disfrutar de las pequeñas cosas de la vida, como pasar tiempo con amigos y familiares, hacer actividades que disfrutes y cuidar tu salud física y mental.

También es importante que te perdones a ti mismo por los errores del pasado y te enfoques en aprender de ellos en lugar de culparte por ellos. Todos cometemos errores y lo importante es aprender de ellos para evitar repetirlos en el futuro.

¿Qué puedes hacer si no te ves construyendo la autodisciplina en mi vida?

Si sientes que no puedes construir la autodisciplina en tu vida, es posible que estés experimentando una falta de motivación o te sientas abrumado por tus responsabilidades y desafíos. Aquí, hay otros consejos que pueden ayudarte:

Encuentra tu porqué, establece metas realistas, crea un plan de acción y encuentra un sistema de apoyo.

Práctica la autocompasión: No te culpes demasiado por tus errores y aprende de ellos en lugar de dejar que te desanimen.

Busca ayuda profesional: Un psicólogo o coach de vida puede ayudarte a desarrollar habilidades y estrategias específicas para alcanzar tus objetivos, y construir la autodisciplina.

¿Cómo puedo construir o desarrollar el hábito de la autodisciplina?

Construir el hábito de la autodisciplina puede ser un proceso gradual que requiere tiempo, paciencia y esfuerzo constante. Te dejamos más consejos que pueden ayudarte:

Primero, empieza por establecer metas pequeñas y alcanzables, con rutinas y horarios regulares, aprende a priorizar, práctica la autodisciplina todos los días, utiliza la visualización, y por supuesto, nunca está de más buscar apoyo.

¿Qué tipo de herramientas basadas en el coaching puede usarse para fortalecer tu autodisciplina?

El coaching puede ser una herramienta muy útil para fortalecer la autodisciplina. Aquí, te dejamos algunas herramientas basadas en el coaching que puedes utilizar:

Establecer metas SMART: Las metas SMART son específicas, medibles, alcanzables, relevantes y con un plazo definido. Al establecer metas SMART, puedes crear objetivos concretos y alcanzables que te ayuden a mantener la disciplina y el enfoque.

Crear un plan de acción: Un plan de acción es un plan detallado que describe cómo vas a alcanzar tus objetivos. Al crear un plan de acción, puedes establecer tareas específicas y plazos para lograr tus metas.

Realizar sesiones de coaching: Las sesiones de coaching pueden ayudarte a establecer metas claras, identificar obstáculos y crear un plan de acción para alcanzar tus objetivos. Un coach puede proporcionar orientación y apoyo para mantener la disciplina y el enfoque.

Utilizar la retroalimentación: La retroalimentación es una herramienta importante en el coaching. Puede ayudarte a evaluar tu progreso, identificar áreas de mejora y hacer ajustes necesarios para alcanzar tus objetivos.

Practicar la visualización: La visualización es una herramienta poderosa para fortalecer la autodisciplina. Puedes utilizar la visualización para imaginar cómo sería tu vida si alcanzaras tus objetivos y si te mantuvieras disciplinado. Esto puede ayudarte a mantener la motivación y el enfoque en tus objetivos.

¿La autodisciplina te puede llevar al éxito personal?

Sí, la autodisciplina puede ayudarte a alcanzar el éxito personal. La autodisciplina es la habilidad de controlar tus emociones, pensamientos y acciones para lograr objetivos a largo plazo. Cuando eres disciplinado, puedes mantener el enfoque en tus objetivos, superar obstáculos y alcanzar tus metas.

La autodisciplina también puede ayudarte a desarrollar habilidades como la perseverancia, la paciencia, la resistencia y la responsabilidad. Estas habilidades son fundamentales para el éxito personal y profesional.

Por ejemplo, si deseas alcanzar un objetivo como iniciar un negocio o escribir un libro, necesitas ser disciplinado para trabajar en él de manera constante y mantener el enfoque en los objetivos a largo plazo.

La autodisciplina es el paso a paso de cada día. No se ve el efecto diario, pero con el transcurrir del tiempo, la obra terminada refleja la "Big Picture" que tu mente visualizó en su momento. Así como un albañil va colocando un ladrillo sobre otro formando una pared, luego este conjunto de paredes conformará una casa, que sería la meta planteada con la "Big Picture" que fue creada en la mente. Con la autodisciplina construimos en el tiempo nuestras metas.

Al final, el verdadero logro es disfrutar del proceso y no en sí lo que obtengamos de él. La experiencia y las vivencias que hayamos tenido, serán las cosas que realmente nos llenen. El resultado colmará nuestros sentidos y las experiencias que hayamos tenido nos generarán una satisfacción interna que muy pocas veces podemos expresar con palabras, ya que es el lenguaje del corazón, a través de los sentimientos y la intuición, que nos da la certeza de que hemos hecho lo correcto, con coherencia y con entrega.

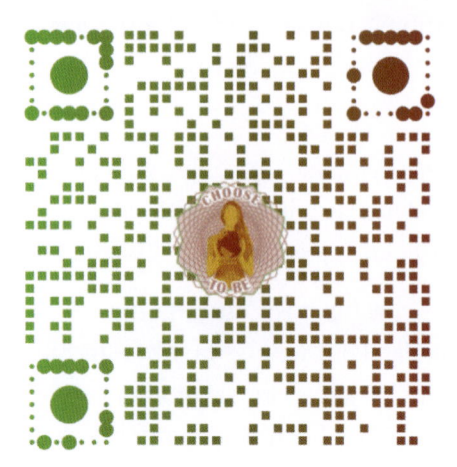

Enlace del vídeo "La importancia de la autodisciplina en el desarrollo personal"
https://youtu.be/oK0c1HtVMN4

La autodisciplina: Preguntas de selección

1. ¿A QUÉ AUTODISCIPLINA SE REFIERE?
   a. ESTABLECER METAS, TENER DETERMINACIÓN Y MANTENER LA CONSTANCIA.
   b. NO ESTABLECER METAS, TENER DETERMINACIÓN Y MANTENER LA CONSTANCIA.
   c. TENER DETERMINACIÓN Y MANTENER LA CONSTANCIA
   d. ESTABLECER METAS.
2. ¿CÓMO LA AUTODISCIPLINA TE AYUDA EN TU DESARROLLO PERSONAL?
   a. ENFOQUE EN TUS METAS, DESARROLLAR FUERZA DE VOLUNTAD, MEJORA TU AUTOESTIMA, ADQUIRIR HÁBITOS SALUDABLES, SALIRTE DE TU ZONA DE CONFORT.
   b. MANTENER TU ENFOQUE Y CONCENTRACIÓN, SER RESISTENTE ANTE LAS ADVERSIDADES, MEJORAR TU AUTOCONFIANZA, MANTENER RUTINAS DE EJERCICIOS Y DIETAS, ENFRENTAR DESAFÍOS DIFÍCILES.
   c. EVITAR DISTRACCIONES Y TENTACIONES, TOMAR DECISIONES DIFÍCILES, SENTIRTE SEGURO Y ORGULLOSO DE TI MISMO, MEDITAR Y DORMIR LO SUFICIENTE, DESARROLLAR HABILIDADES Y FORTALEZAS.
   d. TODAS LAS ANTERIORES.
3. ¿CONSEJOS PARA MEJORAR TU AUTODISCIPLINA?
   a. APRENDER A DECIR "NO", CELEBRAR TUS LOGROS, CULTIVAR LA PACIENCIA.
   b. ESTABLECER METAS CLARAS, HACER LISTAS DE TAREAS DIARIAS, MANTENER UNA ACTITUD POSITIVA.
   c. A Y B.
   d. NO BUSCAR APOYO, NO ESTABLECER METAS, MANTENTE DISTRAÍDO.
4. ¿CÓMO DESARROLLAR EL HÁBITO DE LA AUTODISCIPLINA?
   a. CON RUTINAS, HORARIOS, PRIORIZACIÓN, AUTODISCIPLINA DIARIA, VISUALIZACIÓN, BUSCAR APOYO, ESTABLECER METAS PEQUEÑAS Y ALCANZABLES.
   b. NO TENER RUTINAS, NO PRIORIZAR, NO BUSCAR APOYO.
   c. A Y B
   d. NINGUNA DE LAS ANTERIORES.
5. ¿QUÉ HERRAMIENTAS PUEDES USAR PARA FORTALECER TU AUTODISCIPLINA?
   a. ESTABLECER METAS, BUSCAR APOYO DE UN PROFESIONAL, AUMENTAR TUS NIVELES DE EXIGENCIAS, AUTOSABOTAJE, PLAN DE ACCIÓN DISEÑADO POR TU COACH.
   b. ESTABLECER METAS SMART, CREAR TÚ PLAN DE ACCIÓN, SESIONES DE COACHING, RETROALIMENTACIÓN, VISUALIZACIÓN, AUTOCOMPASIÓN.
   c. A Y B
   d. METAS POCO REALISTAS, NO EVALÚES EL PROCESO, NO TENER PLAN DE ACCIÓN, NO APOYO PROFESIONAL, EXIGENCIA Y AUTOFLAGELACIÓN.

Respuesta a los juegos

Capítulo 1. **Elegir ser: Crucigrama**

Capítulo 2. **Nuestro poder de ser y elegir: Sopa de letra**

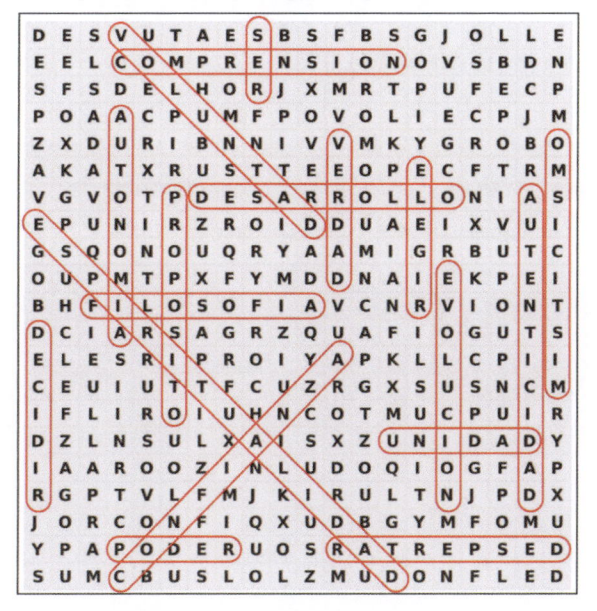

Capítulo 3. **Física cuántica: Acertijos y laberinto**

Respuesta acertijo 1: DUALIDAD.

Superposición cuántica. La capacidad de ser a la vez dos cosas.

En física cuántica, una partícula puede estar en dos lugares a la vez, o tener dos estados a la vez. En el desarrollo personal, también podemos ser a la vez dos cosas. Por ejemplo, podemos ser a la vez amables y asertivos, o podemos ser a la vez creativos y organizados.

Respuesta acertijo 2: SER CREADOR.

En física cuántica, todo está en un estado de potencialidad. Esto significa que todo es posible, hasta que se mide. En el desarrollo personal, también tenemos la capacidad de crear nuestra propia realidad. Podemos elegir nuestros pensamientos, nuestras acciones y nuestras creencias.

Respuesta acertijo 3: ATENCIÓN PLENA.

En física cuántica, el momento presente es todo lo que existe. El pasado y el futuro son solo probabilidades. En el desarrollo personal, también es importante estar presentes en el momento. Cuando estamos presentes en el momento, podemos ser más conscientes de nuestros pensamientos, nuestras acciones y nuestras emociones.

Respuesta acertijo 4: PENSAMIENTOS LIMITANTES.

En física cuántica, nuestros pensamientos crean nuestra realidad. Cuando tenemos pensamientos limitantes, creamos una realidad limitante. En el desarrollo personal, es importante desafiar nuestros propios pensamientos limitantes. Podemos hacerlo preguntándonos si nuestros pensamientos son realmente ciertos.

Capítulo 4. **Espiritualidad: Selección**

Capítulo 5. **Intuición: Acertijos**

Respuesta acertijo 1:

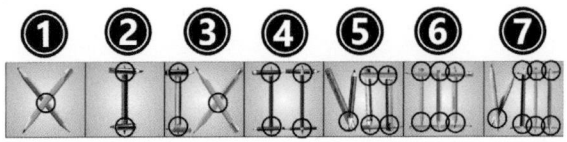

Respuesta acertijo 2:
1. El punto que él ocupa en la cúspide de la montaña.
2. Sus cuatros discípulos.
3. A la multitud.

Capítulo 6. **Visualización: Puzzle para colorear**

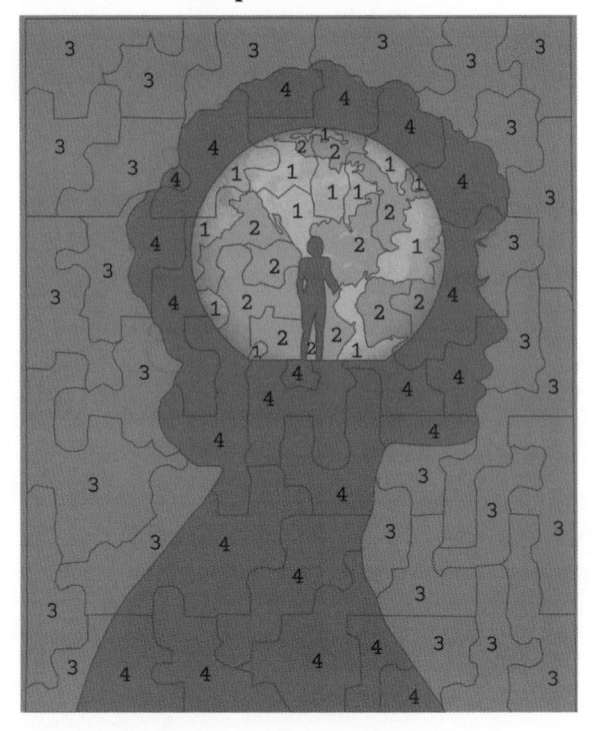

Capítulo 7. **Gratitud y positividad: Crucigrama**

172

Capítulo 8. **Creencias limitantes: Sopa de letras**

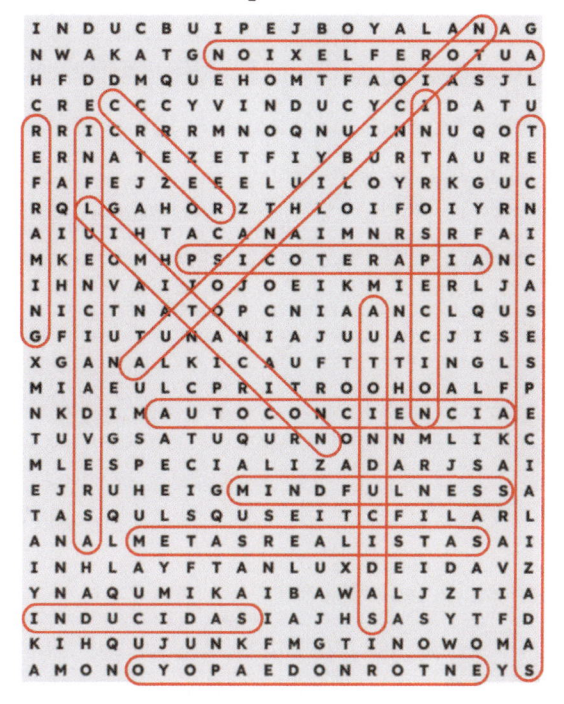

Capítulo 9. **Indefensión aprendida: Crucigrama**

Capítulo 10. **Inteligencia emocional: Selección**

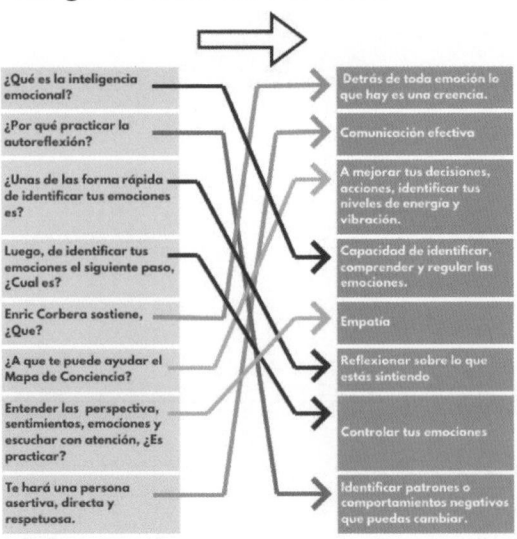

Columna izquierda	Columna derecha
¿Qué es la inteligencia emocional?	Detrás de toda emoción lo que hay es una creencia.
¿Por qué practicar la autorreflexión?	Comunicación efectiva
¿Unas de las forma rápida de identificar tus emociones es?	A mejorar tus decisiones, acciones, identificar tus niveles de energía y vibración.
Luego, de identificar tus emociones el siguiente paso, ¿Cual es?	Capacidad de identificar, comprender y regular las emociones.
Enric Corbera sostiene, ¿Que?	Empatía
¿A que te puede ayudar el Mapa de Conciencia?	Reflexionar sobre lo que estás sintiendo
Entender las perspectiva, sentimientos, emociones y escuchar con atención, ¿Es practicar?	Controlar tus emociones
Te hará una persona asertiva, directa y respetuosa.	Identificar patrones o comportamientos negativos que puedas cambiar.

Capítulo 11. **Mapa de selección**

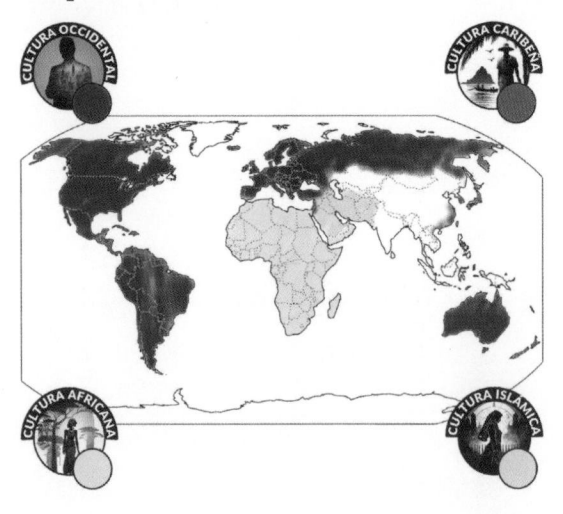

- CULTURA OCCIDENTAL
- CULTURA CARIBEÑA
- CULTURA AFRICANA
- CULTURA ISLÁMICA

Capítulo 12.   **Mapa de la conciencia: Pasapalabra**

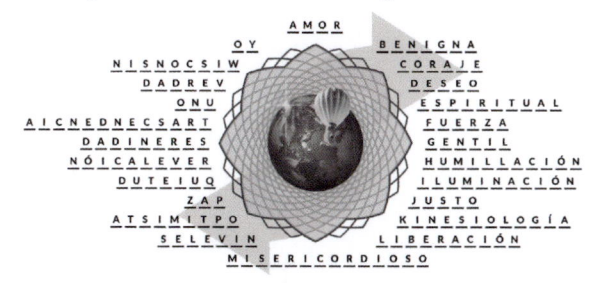

```
                          AMOR
                     O Y         B E N I G N A
           N I S N O C S I W     C O R A J E
               D A D R E V       D E S E O
                 O N U           E S P I R I T U A L
   A I C N E D N E C S A R T     F U E R Z A
           D A D I N E R E S     G E N T I L
         N Ó I C A L E V E R     H U M I L L A C I Ó N
             D U T E I U Q       I L U M I N A C I Ó N
                 Z A P           J U S T O
           A T S I M I T P O     K I N E S I O L O G Í A
               S E L E V I N     L I B E R A C I Ó N
                     M I S E R I C O R D I O S O
```

Capítulo 13.   **Conciencia situacional: Encuentra el objeto**

175

Capítulo 14.   **Superar el miedo: Laberinto**

ESTE JUEGO TE HA DEMOSTRADO QUE SIEMPRE HAY UNA SALIDA, QUE EL MIEDO ES INTRÍNSECO AL SER HUMANO Y NO POR ELLO DEBEMOS LIMITAR NUESTRA MENTE ANTE LOS OBSTÁCULOS O DIFICULTADES.

Capítulo 15. **Meditación: Descubre la técnica**

Estas en busca de:	Descubre técnicas de meditación que te pueden ayudar:
Calma mental	Taoísta Védica Mindfulness Trataka Sonidos y mantras Yoga Kundalini
Reducir el estrés	Vipassana Guiada Vipassana contemporánea Kudalini
Equilibrio emocional	Chakra Kundalini
Estados de relajación	Trascendental Atención al sonido Guiada
Concentración	Mindfulness Trataka Atención al sonido
Reducción de la ansiedad	Trascendental
Manejo del dolor	Body scan
Auto-reflexión	Vipassana
Equilibrio de la energía vital	Taoísta Chakra
Flexibilidad y fuerza corporal	Yoga
Aumento de la creatividad	Trascendental

Estas en busca de:	Descubre técnicas de meditación que te pueden ayudar:
Mejora de la atención plena	Guiada Caminata consciente
Reducción del miedo a la muerte	Contemplación de la muerte
Autocompasión, compasión, empatía y conexión con el entorno	Metta o Loving Kindness Body Scan
Autoconocimiento, introspección y aceptación de la experiencia presente	Conciencia abierta Guiada Vipassana contemporánea
Conexión espiritual	Védica Sutra del loto
Desarrollo de la conciencia	Vipassana Zen Conciencia abierta Kundalini Body scan
Fomentar la sabiduría	Vipassana Sutra del loto
Cultivar la relación con Dios	Silenciosa o Cristiana
Paz interior	Zen

TE LISTAMOS LOS BENEFICIOS DE PRACTICAR LA MEDITACIÓN. POR FAVOR, DESCUBRE CUAL ES O SON LAS TÉCNICAS DE MEDITACIÓN QUE TE PUEDEN AYUDAR A OBTENER ESTOS BENEFICIOS.

Capítulo 16.   **Estado de flujo: Encuentra las diferencias**

ELEMENTOS: LISTÓN DE LA VENTANA, PESAS DEL MULTIFUERZA, LA MUJER CON PESA, BOLA DE METAL SUSPENDIDA, SOMBRERO DEL HOMBRE, ZAPATO DEPORTIVO, JUGUETE, PESAS DETRÁS DE MÁQUINA

Capítulo 17.   **La autodisciplina: Preguntas de selección**

1. **(a)** ESTABLECER METAS, TENER DETERMINACIÓN Y MANTENER LA CONSTANCIA.
2. **(d)** TODAS LAS ANTERIORES.
3. **(c)** (a) Y (b).
4. **(a)** CON RUTINAS, HORARIOS, PRIORIZACIÓN, AUTODISCIPLINA DIARIA, VISUALIZACIÓN, BUSCAR APOYO, ESTABLECER METAS PEQUEÑAS Y ALCANZABLES.
5. **(b)** ESTABLECER METAS SMART, CREAR TÚ PLAN DE ACCIÓN, SESIONES DE COACHING, RETROALIMENTACIÓN, VISUALIZACIÓN, AUTOCOMPASIÓN.

Epílogo

Elige ser, es el camino que estamos recorriendo en nuestra evolución personal y espiritual. Este libro que te compartimos, donde profundizamos conceptos que integran y concientizan vidas; comprendemos en esta etapa del camino que este proceso nunca terminará y que cada vez que nos encontremos con ideas, conceptos, definiciones, libros, entrevistas y vídeos, donde se desarrollan temas sobre desarrollo personal, siempre se nos presentará la oportunidad de evolucionar y crecer en en este ámbito.

En el siguiente mapa conceptual, establecemos la secuencia de cómo hemos experimentado la información y el conocimiento que te hemos compartido en este libro; además, podrás reforzar este conocimiento a través de nuestros vídeos publicados en YouTube.

Conectar con el poder de ser y elegir, nos ha llevado a conceptualizar e integrar esta información como experiencia de vida. Hoy podemos incluso discriminar en qué parte del cerebro operan estos conceptos. El cerebro actúa como el dispositivo receptor y emisor, que permite conectarnos con lo material y lo espiritual, de ahí su importancia y trascendencia en este camino de autoconocimiento hacia el "Yo soy".

Para introducirte a las conclusiones de cada unos de estos temas, es vital que entendamos que tanto la física cuántica, como la física clásica son parte de un todo que opera dentro de un individuo y la colectividad. La física cuántica se enfoca en el estudio de los fenómenos subatómicos, y la física clásica a los fenómenos físicos macros, dando fuerza a la expresión "como es arriba es abajo", entendiendo que lo que existe son diferentes niveles de expresión de la vida en el mundo tangible e intangible.

Ahora describiremos los conceptos desarrollados a lo largo de este libro a través del mapa conceptual presentado anteriormente, comenzando con el lado izquierdo del cerebro:

Las *creencias limitantes*, se encuentran intrincadas en el tejido de nuestro cerebro, son pensamientos arraigados que dan forma a la percepción individual de uno mismo y del mundo que nos rodea. Estas creencias actúan desde un nivel subconsciente, afectan la toma de decisiones, las aspiraciones y minimizan la autoconfianza. Ahora bien, *el miedo* es otro de los temas que abordamos. El Dr Alonso Puig sostiene que la sensación de miedo y ansiedad puede estar relacionada con patrones de pensamientos negativos y creencias limitantes. El miedo es una emoción primaria y natural que puede experimentarse inmediatamente, como respuesta a una situación de peligro que enfrentamos, o durante un largo tiempo, como respuesta a preocupaciones o sufrimientos anticipados, por lo que el miedo que mantenemos durante largo tiempo se puede volver irracional, abrumador y provocar estados de ansiedad que afectan nuestra vida diaria y la consecución de metas y proyectos.

Inteligencia emocional, es una habilidad que puedes desarrollar con la práctica y perseverancia; además, te ayuda a aumentar la autoestima y autoconfianza. Por lo tanto, es importante que prestes mucha atención a cómo te sientes en diferentes situaciones y trates de identificar los desencadenantes que te hacen sentir esas emociones. El Dr. David R. Hawkins en su libro "El Poder Contra la Fuerza", presenta el *Mapa de la conciencia* como una herramienta que te puede ayudar a comprender y mejorar tu bienestar emocional, así como la evolución y transformación de la conciencia. En este mapa el Dr. David establece un marco científico de los niveles de la evolución espiritual, utilizando la *kinesiología*, como técnica para calibrar el nivel de conexión entre los dos universos, el físico (que representa la mente) y el espiritual. Así entonces, nos encontramos con el concepto de *conciencia situacional*, donde las emociones también juegan un interesante papel, ya que los estados emocionales pueden influir en cómo percibimos y procesamos información, en esencia la conciencia situacional implica la percepción y el entendimiento del entorno que rodea a un individuo en un determinado momento. *La indefensión aprendida o inducida* es otro fenómeno que afecta tu comportamiento y bienestar emocional, y es un síndrome que se manifiesta con la sensación de falta de control para gestionar las respuestas que se te demandan en situaciones de conflictos, retos y desafíos. Las personas que presentan este síntoma a menudo se sienten abrumados, desesperados, desarrollan una disminución en la confianza en sí mismo, apatía, depresión, ansiedad, falta de motivación y baja autoestima. La resiliencia y voluntad de las personas que experimentan la indenfesion son fundamentales, para enfrentar, superar y retomar el control en su vida.

Por otro lado, tocamos el tema de *la idiosincrasia y la cultura*, donde comprendimos que la cultura es el factor más influyente que moldea la idiosincrasia. Además, concluimos que la idiosincrasia son las peculiaridades de una persona o de un grupo de personas que los diferencian de otras personas o grupos. Entre estas peculiaridades encontramos rasgos de personalidad, actitudes, valores, creencias y comportamientos particulares. Mientras que la cultura se compone de la suma de conocimientos, creencias, valores y costumbres que tienen en común un grupo de personas que nacieron y/o ocupan una región geográfica o país. En resumen la cultura es la que establece los parámetros y guías para formar la idiosincrasia. Otro tema que te compartimos fue la *autodisciplina*, que es la habilidad de controlar y enfocar tus emociones, pensamientos y acciones en el logro de tus objetivos. También la autodisciplina te ayuda a desarrollar habilidades como la perseverancia, paciencia, resistencia y responsabilidad, habilidades todas que son importantes en tu camino de desarrollo personal, profesional y espiritual.

Si, observamos ahora el lado derecho de mapa conceptual, encontramos los siguientes conceptos:

Espiritualidad, es algo muy personal para cada persona, por lo que no hay un camino o forma correcta para desarrollar tu espiritualidad. Practicar la espiritualidad te ayuda a encontrar un sentido más profundo de propósito y significado en tu vida, el desarrollo de tu espiritualidad no está directamente relacionado con la práctica de alguna religión específica. En tu evolución espiritual, la filosofía, el encuentro con el alma, la metafísica, la práctica de la gratitud, el desarrollo de la intuición, la visualización, la práctica de meditación y estar en estado de flujo, te pueden ayudar. ¿Por qué?

La filosofía puede ayudarte a entender el significado y el propósito de tu práctica espiritual.

El encuentro con el alma, puede ser una forma de explorar tus creencias y valores más profundos.

La metafísica, a explorar temas como la conciencia, el universo y la existencia.

La práctica de *la gratitud y positividad*, te lleva a enfocarte en lo positivo y a tener pensamientos positivos, es precisamente allí donde tu puedes desarrollar la positividad. La positividad es una actitud mental, emocional optimista y esperanzadora hacia la vida y hacia uno mismo. La positividad te dota de una perspectiva que se enfatiza en lo bueno, en las oportunidades y en el potencial de las situaciones, personas y eventos.

El desarrollo de la *intuición y la visualización*, la intuición es clave para manifestar tus deseos, sueños o proyectos. La intuición, la imaginación, la emoción y la intención son la fórmula perfecta para que alcances lo que verdaderamente eres, sientes y vibras. Aprendimos que, la intuición y la imaginación operan en un nivel suprasensorial, con la diferencia que la intuición es la responsable de captar y la imaginación de crear o manifestar. Gracias a la intuición los seres humanos experimentamos revelaciones, premoniciones, realidades suprasensoriales y los sueños colectivos o inconscientes colectivos. Por otro lado, la visualización te conecta con tu poder interior, y desde allí, a través de la imaginación, creas en tu mente y luego en la realidad se materializa lo que quieres lograr, pueden ser metas, propósito, proyectos o sueños.

La práctica de *la meditación*, implica concentrar tu mente en un objeto, pensamiento, sonido o la propia respiración, con el propósito de entrenar la atención y promover la relajación, la claridad mental y la conciencia. Aunque tiene profundas raíces en la espiritualidad, la meditación es una herramienta que cualquier persona puede utilizar para mejorar su bienestar emocional y mental. En este libro te detallamos las técnicas de meditación que se conocen, sin incluir las técnicas judías. La práctica de cada técnica te llevará a obtener diversos beneficios, por lo que es importante primero que identifiques lo que quieres obtener y luego seleccionar la técnica de meditación que requieres practicar. Y por último, mencionamos lo que es estar en estado de flujo, que puede clasificarse como un tipo de meditación de acción, porque este estado lo puedes experimentar cuando estás haciendo deporte, escribiendo, pintando o realizas cualquier otra actividad; usualmente tú notas, u otra persona observa, que estas completamente concentrado, plenamente comprometido, el tiempo te parece que pasa volando y sientes que estás funcionando a tu máximo rendimiento y potencial.

Bibliografía

Libros

1. El poder contra la fuerza, David R. Hawkins, M.D., Ph.D.- 2013
2. Dejar ir - El camino a la liberación, Dr David R. Hawkins - 2014
3. El código de la manifestación, Raimon Samsó. 7ª edición- 2018
4. Resetea tu mente, Dr. Mario Alonso Puig. 5ª edición - 2021.
5. Encuentros con mi alma, Enric Corbera 1ª edición- 2019
6. El poder del AHORA, Eckhart Tolle, 4ta edición- 2022
7. Un Curso de Milagros, segunda edición.
8. Por qué nadie me lo dijo antes?, Julie Smith, 3ª edicion
9. Evangelios para sanar, Alejandro Jodoroswsky, editorial Siruela 2007.
10. La Cábala, la psicología del misticismo judio. Mario Javier Saban, undécima edición 2022.
11. La explicación del Mapa de la Conciencia, David R. Hawkins, M.D., Ph.D, Primera edición 2023.
12. Reinventarse, tu segunda oportunidad. Dr Mario Alonso Puig, primera edición 2010.
13. Cita en la Cima. Raimon Samso. Séptima edición 2017.
14. La rueda de la vida. Elisabeth Kubler-Ross. Vigésimo Quinta reimpresión 2021.
15. La muerte: Un amanecer. Elisabeth Kubler-Ross. Cuadragésima edición 2008.
16. Colección dorada. Nevelle Goddard. Primera edición 2023.

vídeos

1. EL CÓDIGO DE LA MANIFESTACIÓN. Con Raimon Samso. https://www.youtube.com/channel/UC3bIfO7DSq1KVS5NUUdb-lg/vídeos.
2. ¿Qué es la física cuántica?, https://youtu.be/-vk7F-qS1UI?si=s8mwcQSPOp9khXeM

3. Descifrando el alma; entrevista a Mario Saban por Oscar Terol. https://www.youtube.com/watch?v=ZYv5izXPJAM
4. Evidencia que hay vida después de la muerte, Dr Manuel Sans Segarra. https://www.youtube.com/watch?v=KqELyJ_08zw

Herramientas

1. **Canva** — Plataforma de diseño online Canva, https://www.canva.com/
2. **OpenAI ChatGPT 4.0** — Chat bot de inteligencia artificial ChatGPT 4, https://chat.openai.com
3. **Claude 3** — Chat bot de inteligencia artificial Claude 2, Antrop\c, https://claude.ai/chat
4. **Gemini** — Chat bot de inteligencia artificial Gemini, Google, https://gemini.google.com
5. **Leonardo.Ai** — Herramienta para la creación de imágenes con inteligencia artificial generativa, https://app.leonardo.ai
6. **DALL·E** — Herramienta para la creación de imágenes con inteligencia artificial generativa.
7. **Ideogram** — Herramienta para la creación de imágenes con inteligencia artificial generativa, https://ideogram.ai
8. **KREA** — Kit de herramientas para generar y mejorar imágenes con inteligencia artificial generativa, https://www.krea.ai
9. **QR TIGER** — Generador de codigos QR TIGER, https://www.qrcode-tiger.com/

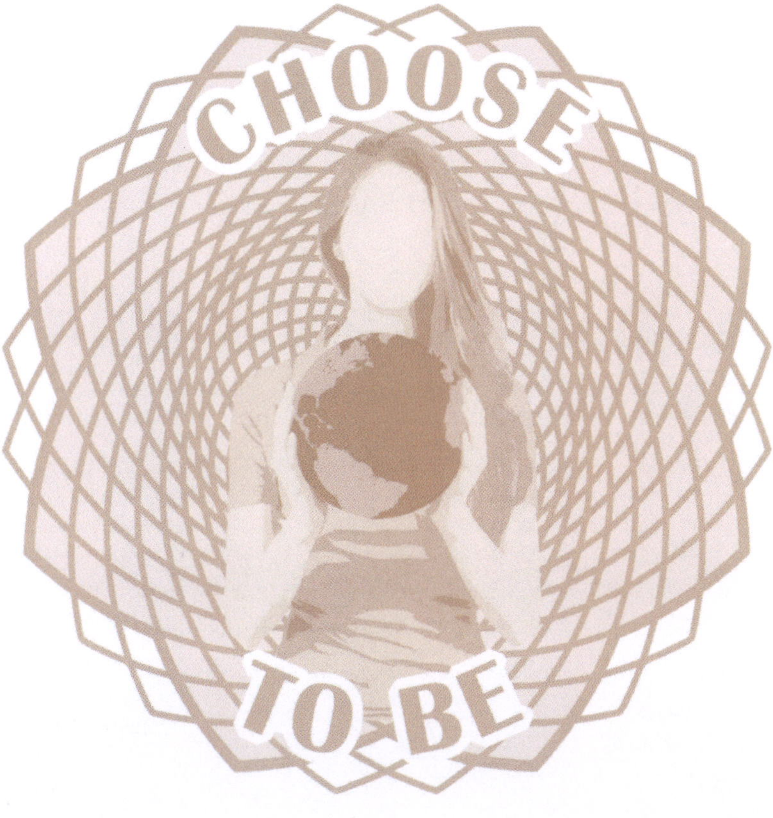
CHOOSE
TO BE

Agradecimiento

¡Qué emoción! Llegó el momento de nombrar y expresar nuestra gratitud, reconocimiento y agradecimiento a todas aquellas personas que han contribuido en la materialización de esta idea, que no solo es un proyecto personal sino una semilla más que deseamos contribuya en tu desarrollo personal y espiritual.

Es por esto que en primer lugar y de forma estelar queremos agradecerte a ti, por haber elegido este libro.

En segundo lugar y de forma muy especial, hacer un reconocimiento a los escritores y autores de libros, vídeos, entrevistas y post, que de alguna manera nos fueron dando luces para lograr organizar nuestras ideas y desarrollar todos los temas que aquí te compartimos.

También, a nuestros seres queridos como padres, hijos, sobrinos, hermanos y amigos, les agradecemos su paciencia, amor, apoyo y comprensión, durante todo este proceso donde invertimos largas horas de dedicación. Gracias por siempre estar.

Y de un modo muy sentido y desde nuestro más profundo ser, agradecemos a Dios, al universo, la presencia infinita, al Yo soy , al ser esencial que conecta con la unidad y la nada, que es en sí el vacío donde la mente deja de existir y donde el Yo esencial se funde con el todo. En conclusión a esa energía vital que nos mueve y permite que todo suceda desde el mundo intangible al mundo tangible. ¡Gracias por Elegir Ser!